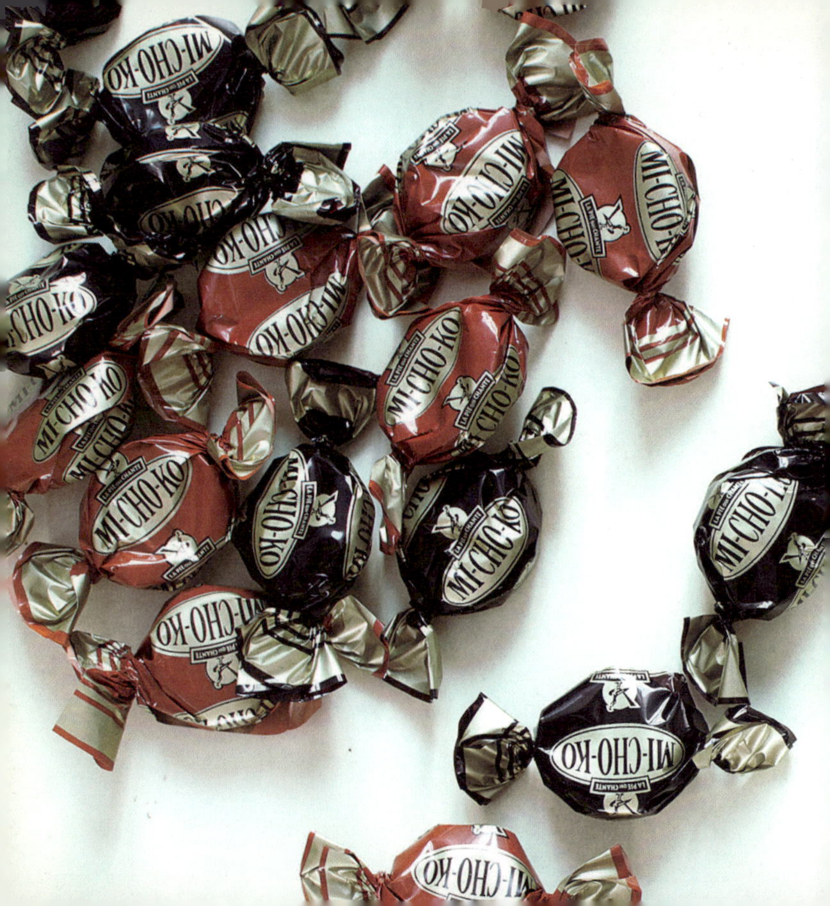
MI-CHO-KO
LA PIE QUI CHANTE

Le petit livre

MICHOKO®

Recettes et photographies de
ILONA CHOVANCOVA

Stylisme des recettes de
Marianne Magnier-Moreno

MARABOUT

SOMMAIRE

KITS

KITS CRÈMES & CIE 4
KITS CAFÉ GOURMAND 6
KITS PÂTE FEUILLETÉE 8

CRÈMES & CIE

MOUSSE AUX MICHOKO® 10
TIRAMISU MINUTE 12
YAOURT À LA GRECQUE, SAUCE MICHOKO®, NOIX & FRUITS ROUGES 14
RIZ AU LAIT SAUCE MICHOKO®, NOISETTES & MYRTILLES 16
CRÈME CARAMEL 18
PANNA COTTA & GRANITÉ DE MICHOKO® ... 20

GÂTEAUX

CHEESE-BROWNIE 22
LINZERTORTE AUX MICHOKO® 24
CROUSTADE MICHOKO®, PRUNEAUX, POIRES & NOIX 26
FONDANT AU CHOCOLAT & À LA CORIANDRE, CŒUR COULANT MICHOKO® 28
MILLEFEUILLE AUX DEUX MICHOKO® 30
GÂTEAU SABLÉ BANANE-MICHOKO® 32
QUATRE QUARTS MARBRÉ 34
GÂTEAU AU YAOURT TACHETÉ 36

MINIS

MINI PIES 38
CHAUSSONS AUX MICHOKO® 40
BOUCHÉES CRUNCHY AUX CORN FLAKES & MICHOKO® 42
MINI TARTELETTES 44
MINI GALETTES DES ROIS 46
PROFITEROLES 48

POUR LE GOÛTER

SUCETTES DE MICHOKO® 50
COOKIES AUX MICHOKO® & CRANBERRIES ... 52
MILK-SHAKE AUX MICHOKO® 54
PANCAKES RICOTTA, CITRON, MYRTILLES & SAUCE MICHOKO® 56
CANNELÉS CŒUR DE MICHOKO® 58
BISCOTTIS 60
SABLÉS ROMARIN & CRÈME DE MICHOKO® ... 62

14 20 22

34 36 52

50 60 54

KITS CRÈMES & CIE

PÂTE À TARTINER
10 MICHOKO® (au chocolat noir, lait ou blanc), 1 cuillerée à soupe de crème liquide, 100 g de mascarpone, 50 g de poudre d'amande ou de poudre de noisette torréfiée

Dans une casserole, faire fondre à feu doux les MICHOKO® avec la crème liquide. Hors du feu, ajouter le mascarpone et la poudre d'amande. Mélanger puis verser dans un pot et réserver au réfrigérateur 2 heures minimum pour que la pâte durcisse.

CRÈME AUX MICHOKO®
15 MICHOKO® (au chocolat noir, lait ou blanc), 2 cuillerées à soupe de crème liquide, 100 g de mascarpone

Dans une casserole, faire fondre à feu doux les MICHOKO® avec la crème liquide. Hors du feu, ajouter le mascarpone. Mélanger puis verser dans un pot et réserver au réfrigérateur 2 heures minimum. Parfait pour les recettes de type tiramisu minute, millefeuille, verrines.

GANACHE AUX MICHOKO®
20 MICHOKO® (au chocolat noir, lait ou blanc), 1 cuillerée à soupe de crème liquide

Dans une casserole, faire fondre à feu doux les MICHOKO® avec la crème liquide. Parfait pour les recettes de type Linzertorte, tarte au chocolat, sablé, riz au lait, pain perdu et tous les gâteaux.

SAUCE AUX MICHOKO®
20 MICHOKO® (au chocolat noir, lait ou blanc), 5 cuillerées à soupe de crème liquide

Dans une casserole, faire fondre à feu doux les MICHOKO® avec la crème liquide. Parfait pour les recettes de type profiteroles, pancakes, verrines, sur les glaces ou encore dans les yaourts.

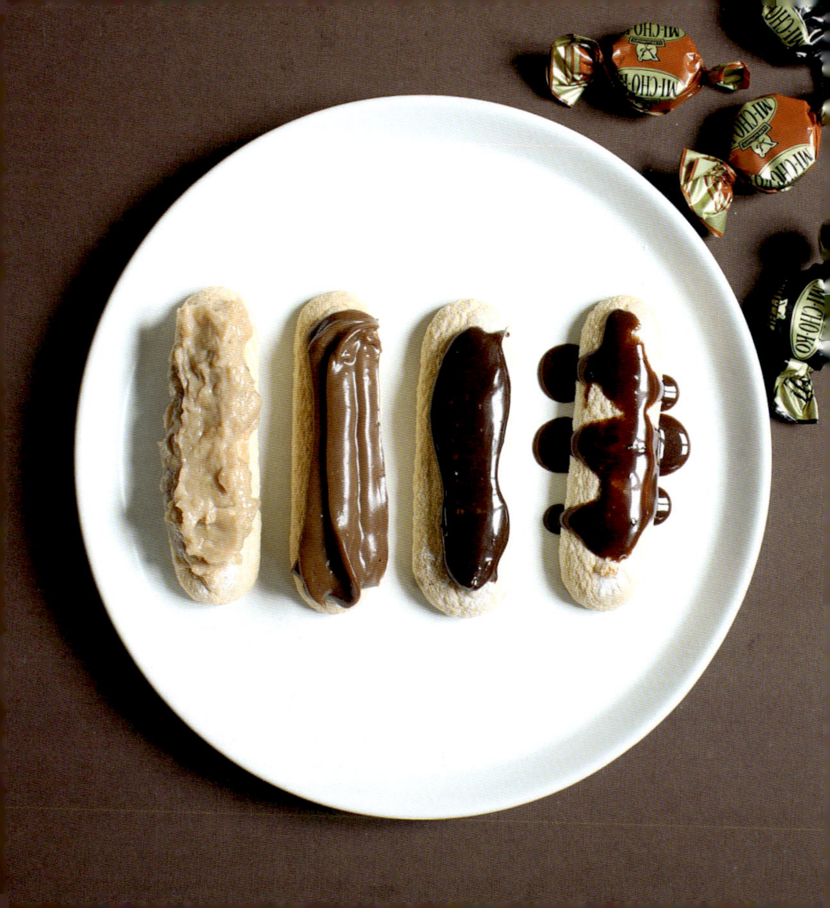
MI-CHO-KO

KITS CAFÉ GOURMAND

BOUCHÉES ORIENTALES
15 MICHOKO®, 1 cuillerée à soupe de crème liquide, 50 g de pistaches hachées grossièrement, 50 g de pignons de pin hachés grossièrement, 200 g de pâte d'amande

Dans une casserole, faire fondre à feu doux 5 MICHOKO® avec la crème liquide. Dans un bol, mélanger les fruits secs hachés avec les MICHOKO® fondus. Former un boudin de 2 cm de diamètre. Étaler la pâte d'amande sur une épaisseur de 0,5 cm et en recouvrir le boudin. Réserver au réfrigérateur 30 minutes puis le découper en rondelles de 2 cm.

BOUCHÉES AUX FRUITS SECS
5 abricots secs, 5 pruneaux, 5 dattes, 15 MICHOKO®

Inciser les fruits avec un couteau pointu. Y glisser 1 MICHOKO® à l'intérieur. Les réchauffer 5 secondes au four à micro-ondes avant de servir.

MICHOKO® DÉCORÉS
15 MICHOKO®, pâte à tartiner, dés de fruits secs, dés de cerises confites, poudre de noisette, noix de coco râpée, pignons de pin, pistaches, cerneaux de noix

Recouvrir chaque MICHOKO® de pâte à tartiner puis les décorer avec les ingrédients de votre choix.

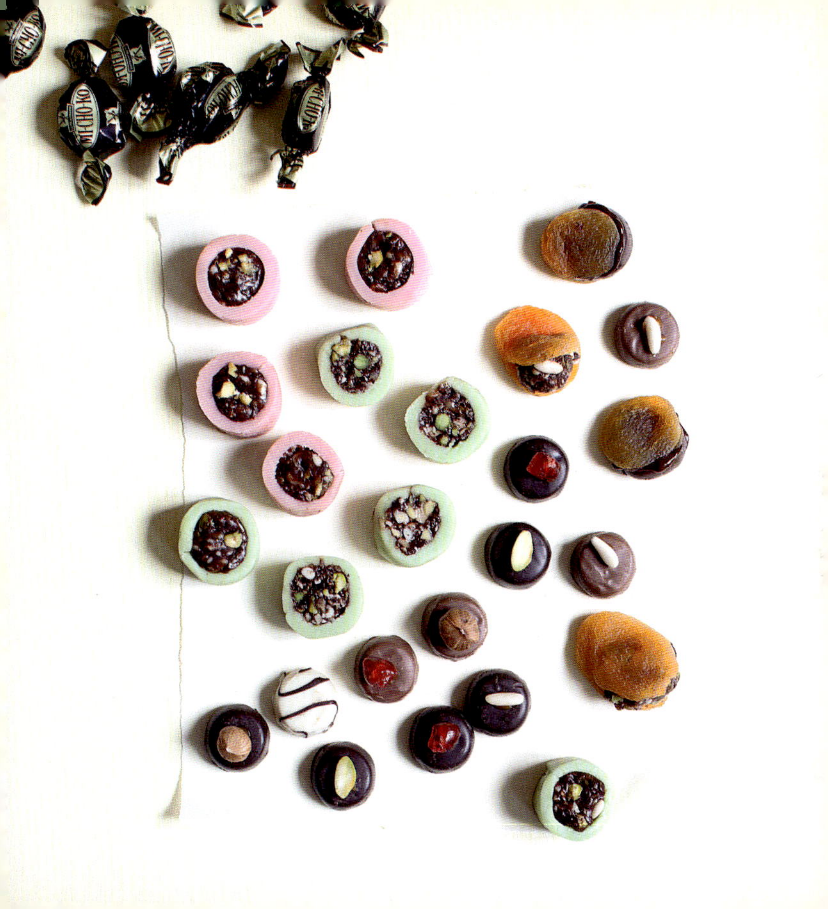
MI CHO KO

KITS PÂTE FEUILLETÉE

TORSADES DE MICHOKO®
10 MICHOKO®, 1 cuillerée à soupe de crème liquide, 1 pâte feuilletée, 1 jaune d'œuf

Préchauffer le four à 200 °C (th. 6-7). Dans une casserole, faire fondre à feu doux les MICHOKO® avec la crème liquide. Étaler la pâte feuilletée sur un plan de travail et la découper en deux. Sur une moitié, étaler les MICHOKO® fondus puis recouvrir avec l'autre moitié de la pâte. Découper la pâte en lanières de 2 cm d'épaisseur. Mettre une feuille de papier sulfurisé sur la plaque du four. Disposer les lanières sur la plaque. Les torsader et tordre chaque extrémité pour bien les fermer. Les dorer avec le jaune d'œuf battu avec 1 cuillerée à soupe d'eau. Enfourner et laisser cuire 15 à 20 minutes.

MINI CROISSANTS
1 pâte feuilletée, 10 MICHOKO®, 1 jaune d'œuf

Préchauffer le four à 200 °C (th. 6-7). Étaler la pâte feuilletée sur un plan de travail et y découper des triangles de 20 cm de long avec une base large de 8 à 10 cm. Dans le bol du mixeur, mettre les MICHOKO®. Les mixer finement. Parsemer toute la surface de MICHOKO® mixés puis enrouler la pâte en commencent par la base. Les dorer avec le jaune d'œuf battu avec 1 cuillerée à soupe d'eau et enfourner. Laisser cuire 20 minutes.

MINI CHAUSSONS
1 pâte feuilletée, 8 MICHOKO®, 1 jaune d'œuf

Préchauffer le four à 200 °C (th. 6-7). Étaler la pâte feuilletée et découper à l'aide d'un emporte-pièce des cercles de 8 cm de diamètre. Déposer dans la moitié de chaque cercle 1 MICHOKO®. À l'aide d'un pinceau, humidifier les bords des avec de l'eau. Plier les cercles en deux pour former les chaussons et presser les bords à l'aide d'une fourchette pour les souder. Les déposer sur une plaque garnie d'une feuille de papier sulfurisé. Les dorer avec le jaune d'œuf battu avec 1 cuillerée à soupe d'eau et enfourner. Laisser cuire 20 minutes.

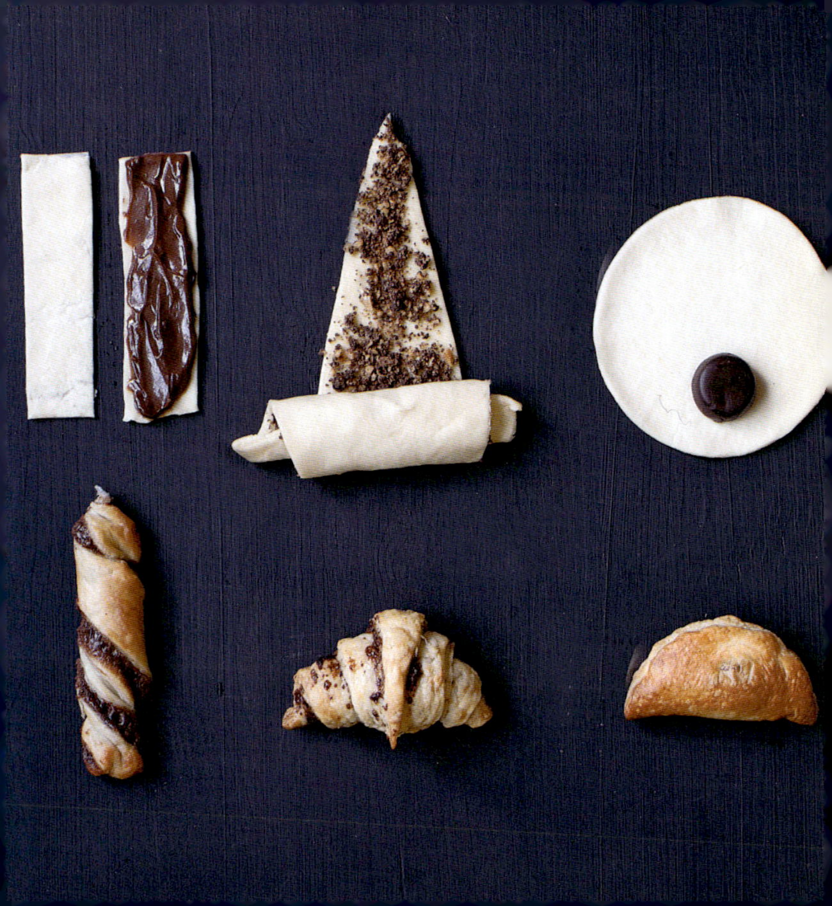

MOUSSE AUX MICHOKO®

3 MIN DE PRÉPARATION – 3 H DE REPOS

POUR 6 PERSONNES

15 MICHOKO®
au chocolat noir

20 cl de crème liquide

MATÉRIEL

siphon

1- Dans une casserole, faire fondre à feu doux les MICHOKO® avec la crème liquide et bien mélanger. Réserver 1 heure minimum au réfrigérateur.
2- Verser la préparation dans le siphon puis visser la cartouche de gaz. Réserver 2 heures minimum au réfrigérateur avant de l'utiliser.
3- Servir accompagné de biscuits de votre choix.

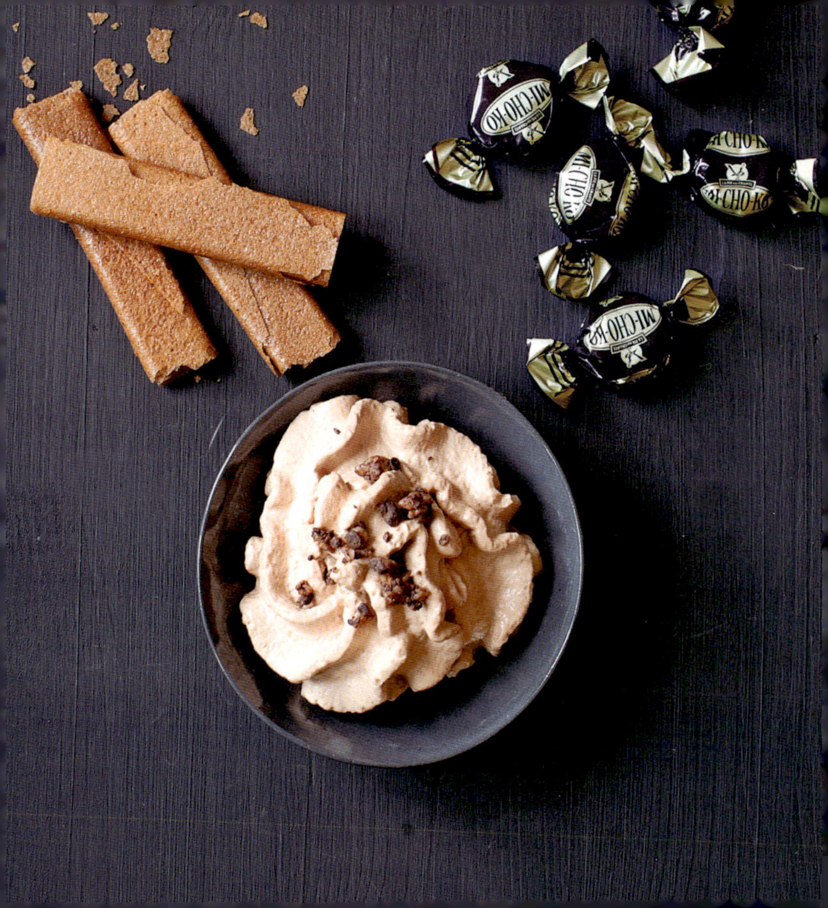
MI-CHO-KO

TIRAMISU MINUTE

10 MIN DE PRÉPARATION

POUR 4 PERSONNES

15 MICHOKO® au chocolat blanc

15 cl de crème liquide

250 g de mascarpone

1 cuillerée à soupe de sucre glace

16 Biscuits Roses de Reims

15 cl de café froid très fort

1- Dans une casserole, faire fondre les MICHOKO® à feu doux avec 2 cuillerées à soupe de crème liquide. Bien mélanger et réserver.
2- Mélanger le mascarpone avec le reste de la crème liquide et le sucre glace sans cesser de fouetter.
3- Dans chaque assiette creuse, disposer 2 biscuits et les arroser de 2 cuillerées à soupe de café. Ajouter dessus 1 grande cuillerée à soupe de la préparation au mascarpone puis recouvrir avec 2 autres biscuits et terminer par une seconde couche de mascarpone. Verser les MICHOKO® fondus dessus.

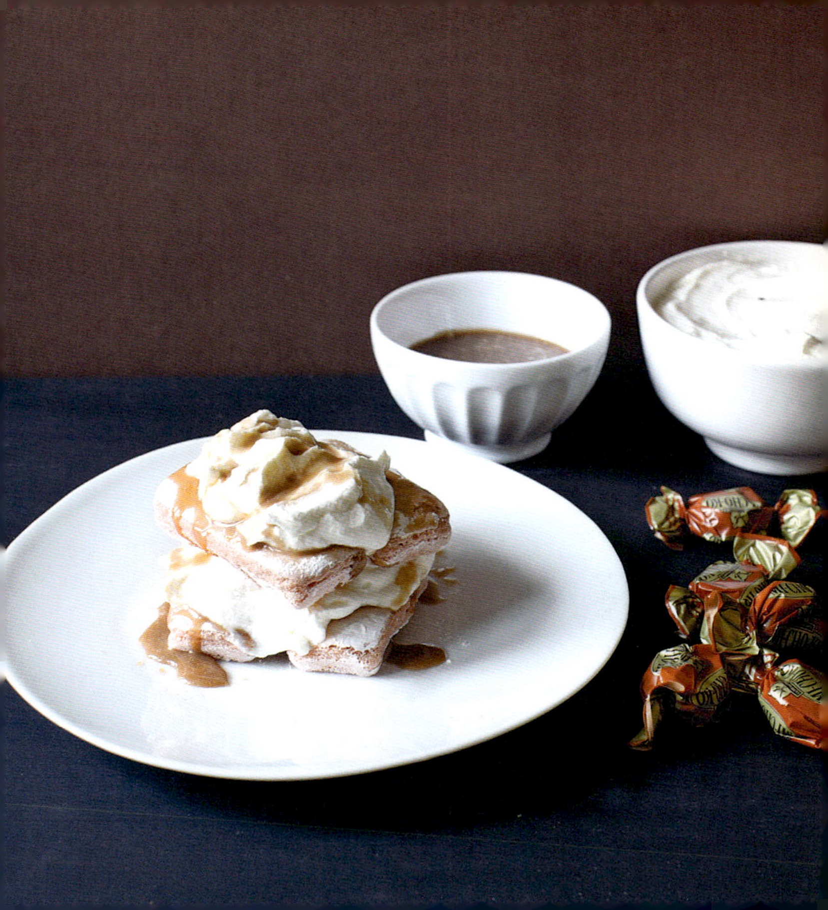

YAOURT À LA GRECQUE, SAUCE MICHOKO®, NOIX & FRUITS ROUGES

5 MIN DE PRÉPARATION

POUR 4 PERSONNES

20 MICHOKO®

2 cuillerées à soupe de crème liquide

4 pots de yaourt à la grecque

50 g de cerneaux de noix

100 g de fruits rouges

1- Dans une casserole, faire fondre les MICHOKO® à feu doux avec la crème liquide.
2- Verser sur chaque yaourt les MICHOKO® fondus et parsemer de cerneaux de noix grossièrement concassés et de fruits rouges. Servir immédiatement.

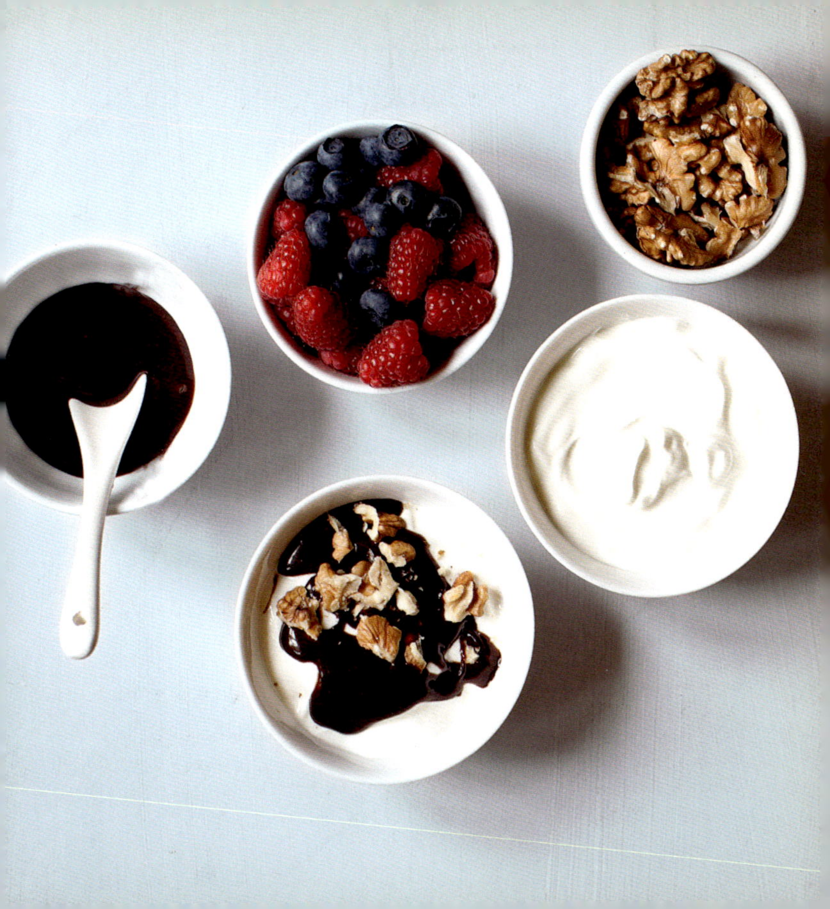

RIZ AU LAIT SAUCE MICHOKO®, NOISETTES & MYRTILLES

5 MIN DE PRÉPARATION – 35 MIN DE CUISSON

POUR 4 PERSONNES

1 gousse de vanille
125 g de riz rond
1 l de lait ½ écrémé
50 g de sucre en poudre
50 g de mascarpone
20 MICHOKO®
50 g de noisettes
100 g de myrtilles

1- Fendre la gousse de vanille en deux dans la longueur et, à l'aide d'un couteau, récupérer les graines.
2- Rincer le riz sous l'eau froide.
3- Dans une casserole à fond épais, verser le lait puis ajouter les graines de vanille ainsi que la gousse. Porter à ébullition puis verser le riz en pluie. Ajouter le sucre, couvrir la casserole et faire cuire à feu très doux pendant 25 minutes environ, en surveillant de temps en temps la cuisson. Continuer la cuisson pendant 10 minutes à découvert.
4- Hors du feu, ajouter petit à petit le mascarpone tout en fouettant. Dresser dans 4 assiettes creuses.
5- Faire fondre au bain-marie les MICHOKO® et verser sur le riz au lait. Parsemer le tout avec les noisettes grossièrement hachées et les myrtilles. Servir tiède.

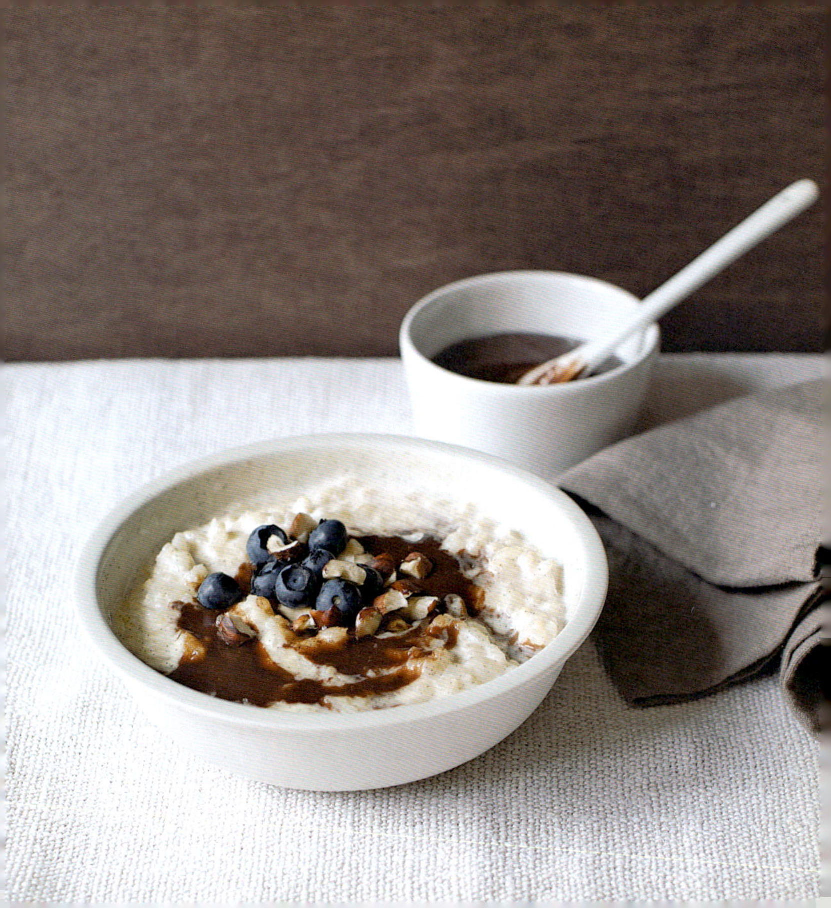

CRÈME CARAMEL

15 MIN DE PRÉPARATION – 45 MIN DE CUISSON

POUR 6 PERSONNES

1 gousse de vanille
50 cl de lait entier
2 œufs entiers + 3 jaunes
90 g de sucre en poudre
20 MICHOKO®

MATÉRIEL
6 ramequins
plat rectangulaire

1- Fendre la gousse de vanille en deux dans la longueur et, à l'aide d'un couteau, récupérer les graines.
2- Dans une casserole, verser le lait avec les graines de vanille et la gousse. Porter à ébullition.
3- Dans un saladier, mélanger les œufs, les jaunes et le sucre sans cesser de fouetter. Verser le lait chaud tout doucement sans cesser de fouetter.
4- Dans une casserole à fond épais, faire fondre les MICHOKO® à feu doux.
5- Napper le fond et les parois de 6 ramequins de MICHOKO® fondus puis répartir la préparation aux œufs. Préchauffer le four à 150 °C (th. 5).
6- Disposer les ramequins dans un plat allant au four, ajouter de l'eau bouillante jusqu'à mi-hauteur des ramequins et enfourner. Laisser cuire 45 minutes. Laisser refroidir, puis démouler au moment de servir.

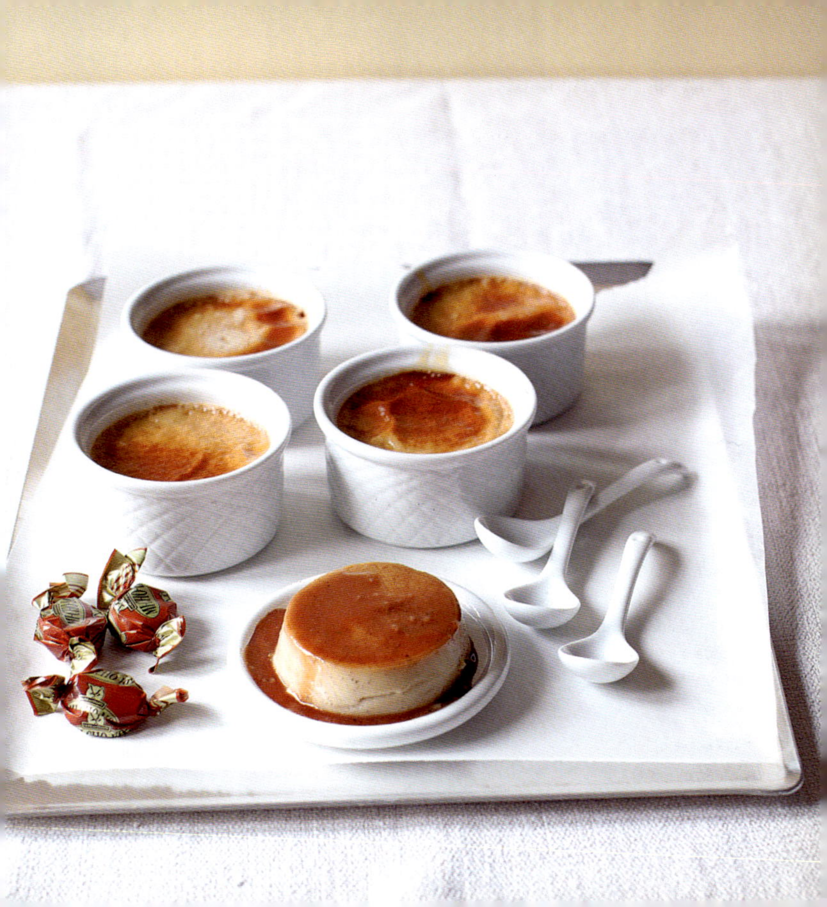

PANNA COTTA & GRANITÉ DE MICHOKO®

15 MIN DE PRÉPARATION – 5 MIN DE CUISSON – 2 H 40 DE REPOS

POUR 4 PERSONNES

5 feuilles de gélatine
50 cl de crème liquide
50 g de sucre en poudre
35 MICHOKO®

MATÉRIEL

4 ramequins

1- Faire tremper les feuilles de gélatine dans de l'eau froide pour les ramollir.
2- Dans une casserole, porter à ébullition la crème liquide avec le sucre et 15 MICHOKO®.
3- Essorer les feuilles de gélatine entre la paume des mains puis les ajouter dans la crème et bien mélanger. Verser la préparation dans 4 ramequins et réserver au réfrigérateur 2 heures.
4- Porter 30 cl d'eau à ébullition et y ajouter le reste des MICHOKO®. Bien mélanger. Verser cette préparation dans un plat sur une épaisseur de 2 cm maximum. Placer au congélateur pendant 40 minutes.
5- Gratter le mélange avec une fourchette pour le faire pailleter. Réserver au congélateur jusqu'à ce que ce soit complètement glacé.
6- Démouler les panna cotta sur des assiettes et décorer avec le granité de MICHOKO®.

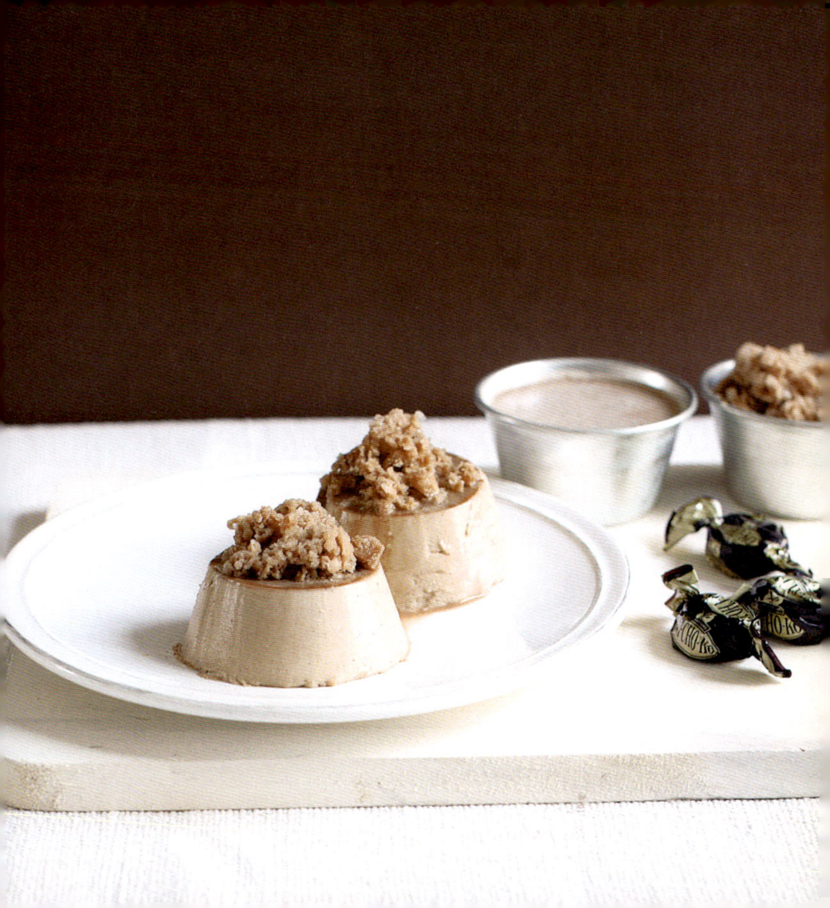

CHEESE-BROWNIE

15 MIN DE PRÉPARATION – 30 MIN DE CUISSON

POUR 8 PERSONNES

300 g de fromage blanc

2 œufs

le zeste de 1 citron

125 g de sucre glace

1 sachet de sucre vanillé

20 MICHOKO®

2 cuillerées à soupe de crème liquide

12 cl de lait fermenté

10 cl d'huile végétale

125 g de sucre en poudre

250 g de farine

1 cuillerée à soupe de cacao en poudre

½ sachet de levure chimique

MATÉRIEL

moule rectangulaire de 20 x 25 cm

1- Préchauffer le four à 180 °C (th. 6).
2- Battre le fromage blanc avec 1 œuf, le zeste du citron, le sucre glace et le sucre vanillé. Réserver.
3- Dans une casserole, faire fondre les MICHOKO® à feu doux avec la crème liquide.
Mélanger l'œuf restant avec le lait, l'huile et le sucre en poudre. Ajouter ensuite la farine, le cacao en poudre tamisé, les MICHOKO® fondus et la levure. Bien mélanger.
4- Verser les trois quarts du mélange au chocolat dans un moule, préalablement garni d'une feuille de papier sulfurisé, puis verser par-dessus le mélange au fromage blanc. Couvrir irrégulièrement avec le reste de pâte au chocolat. Enfourner et laisser cuire 30 minutes. Vérifier la cuisson avec la pointe d'un couteau, la lame doit ressortir propre et sèche. Laisser complètement refroidir avant de le découper en morceaux.

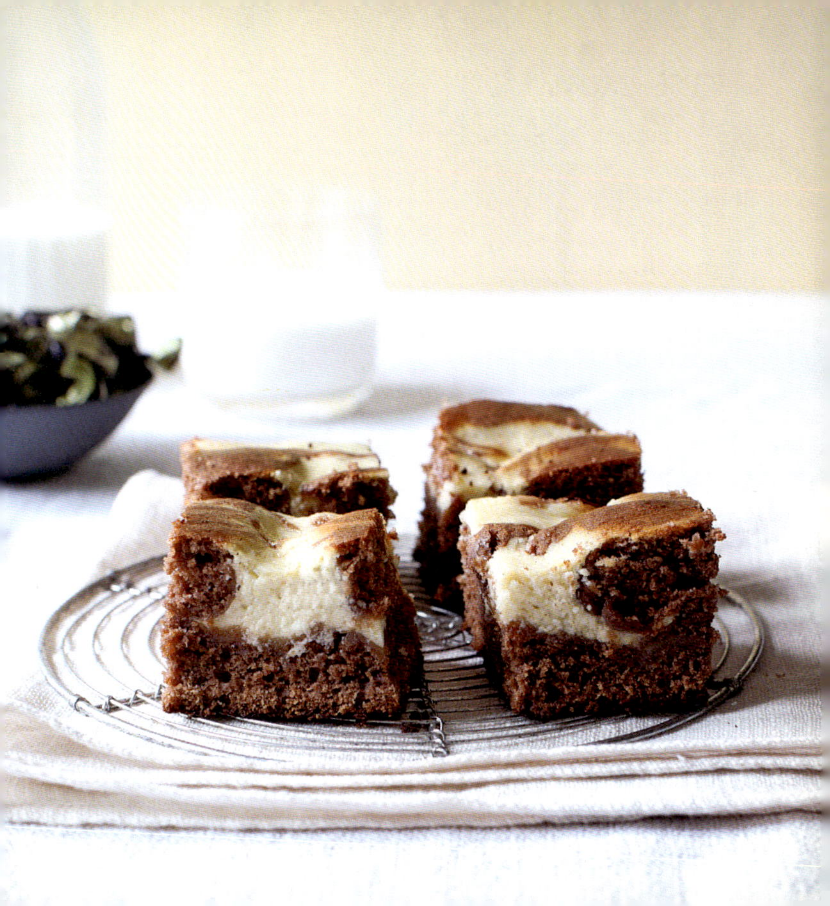

LINZERTORTE AUX MICHOKO®

20 MIN DE PRÉPARATION – 2 H DE REPOS – 35 MIN DE CUISSON

POUR 6 PERSONNES

150 g de beurre mou

150 g de sucre glace

2 jaunes d'œufs + 1 jaune pour dorer

175 g de farine

100 g de noisettes torréfiées en poudre

le zeste de 1 citron

une pincée de clous de girofle moulus (facultatif)

1 cuillerée à café de cannelle moulue

une pincée de sel

30 MICHOKO®

4 cuillerées à soupe de crème liquide

MATÉRIEL

moule à tarte

1- Mélanger le beurre coupé en dés avec le sucre, jusqu'à obtention d'une crème homogène. Ajouter 2 jaunes d'œufs et bien mélanger.

2- Mélanger la farine avec les noisettes en poudre, le zeste du citron, le clou de girofle et la cannelle moulus. Ajouter ce mélange à la crème beurre-sucre-jaunes d'œufs. Malaxer avec les doigts jusqu'à obtention d'une pâte homogène. Laisser reposer la pâte au réfrigérateur 2 heures minimum.

3- Étaler les trois quarts de la pâte et en garnir l'intérieur d'un moule à tarte. Étaler le reste de la pâte et la découper en bandes larges de 2 cm.

4- Préchauffer le four à 160 °C (th. 6).

5- Dans une casserole, faire fondre à feu doux les MICHOKO® avec la crème liquide. Verser sur le fond de tarte. Recouvrir avec les bandes de pâte en croisillons. Dorer avec le jaune d'œuf restant. Enfourner et laisser cuire 35 minutes.

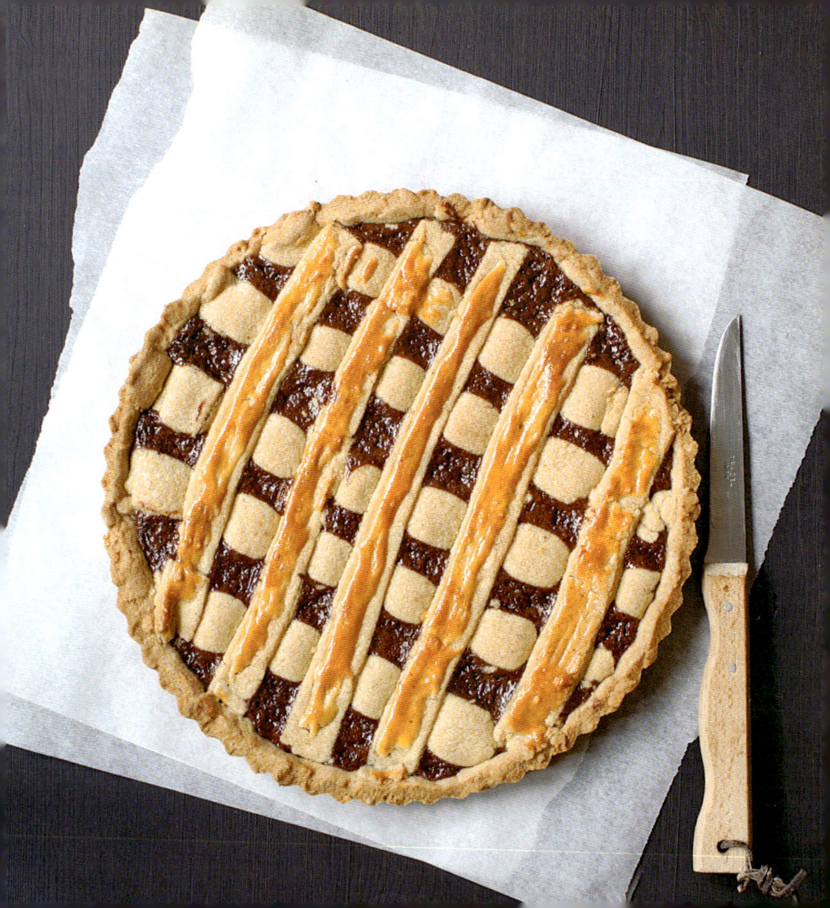

CROUSTADE MICHOKO®, PRUNEAUX, POIRES & NOIX

20 MIN DE PRÉPARATION – 35 À 40 MIN DE CUISSON

POUR 6 PERSONNES

2 poires

8 feuilles de pâte filo

250 g de pruneaux d'Agen dénoyautés

10 MICHOKO® au chocolat noir

3 à 4 cuillerées à soupe d'Armagnac ou de rhum

50 g de cerneaux de noix grossièrement hachés

½ cuillerée de cannelle moulue

50 g de beurre

MATÉRIEL

moule à charnière de 22 cm de diamètre

1- Préchauffer le four à 190 °C (th. 6-7).
2- Peler et évider les poires puis les couper en dés.
3- Mixer grossièrement les pruneaux et les MICHOKO® avec l'Armagnac ou le rhum. Mélanger avec les poires, les noix et la cannelle.
4- Faire fondre le beurre au four à micro-ondes.
5- Beurrer un moule et y déposer 1 feuille de pâte filo. La badigeonner de beurre fondu. Répéter l'opération avec 3 autres feuilles de pâte filo en les chevauchant. Répartir la préparation aux fruits dans le fond du moule. Rabattre les feuilles vers l'intérieur.
6- Badigeonner de beurre le reste des feuilles de pâte filo. Les froisser de sorte à former une rose. Les disposer sur la tarte. Enfourner et laisser cuire 35 à 40 minutes jusqu'à ce que la pâte soit dorée. Servir aussitôt.

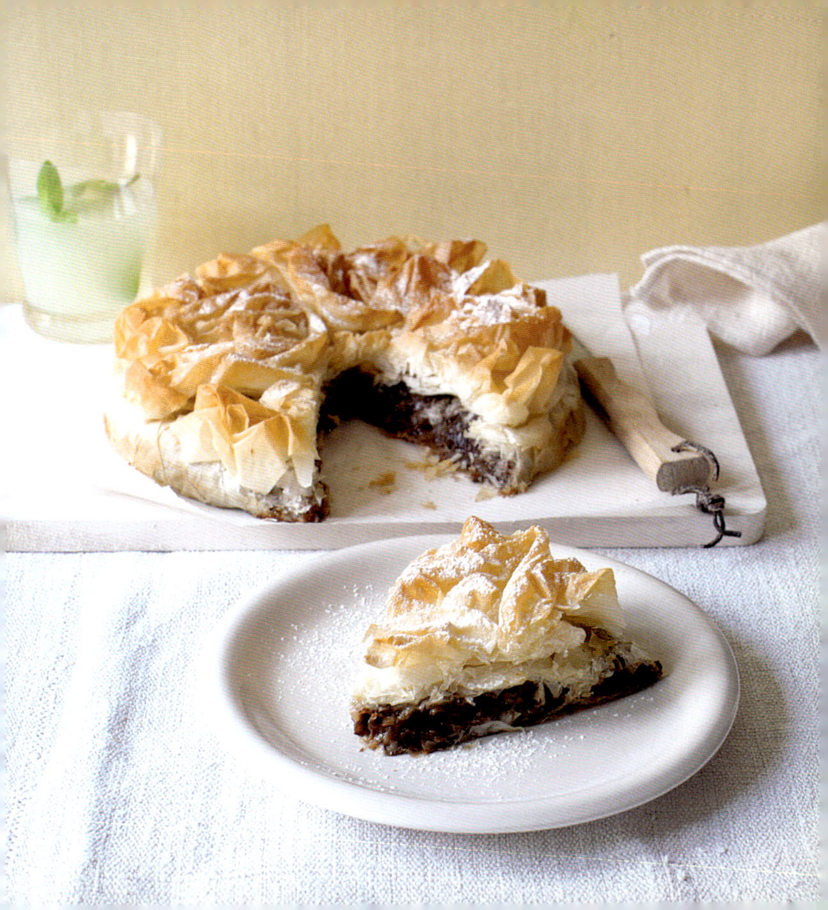

FONDANT AU CHOCOLAT & À LA CORIANDRE, CŒUR COULANT MICHOKO®

10 MIN DE PRÉPARATION – 7 MIN DE CUISSON

POUR 4 PERSONNES

80 g de sucre semoule + pour les ramequins

2 œufs

50 g de beurre

80 g de chocolat 70%

1 cuillerée à soupe de farine

1 petit bouquet de coriandre frais haché finement

4 MICHOKO®

MATÉRIEL

4 ramequins

1- Mélanger le sucre avec les œufs, jusqu'à obtention d'une crème homogène.
2- Dans une casserole, faire fondre à feu doux le beurre et le chocolat.
3- Mélanger les deux préparations et ajouter la farine et la coriandre hachée.
4- Préchauffer le four à 180 °C (th. 6).
5- Beurrer soigneusement 4 ramequins puis les chemiser avec un peu de sucre. Y verser la préparation. Ajouter au centre de chaque ramequin 1 MICHOKO®. Enfourner et laisser cuire 7 minutes.

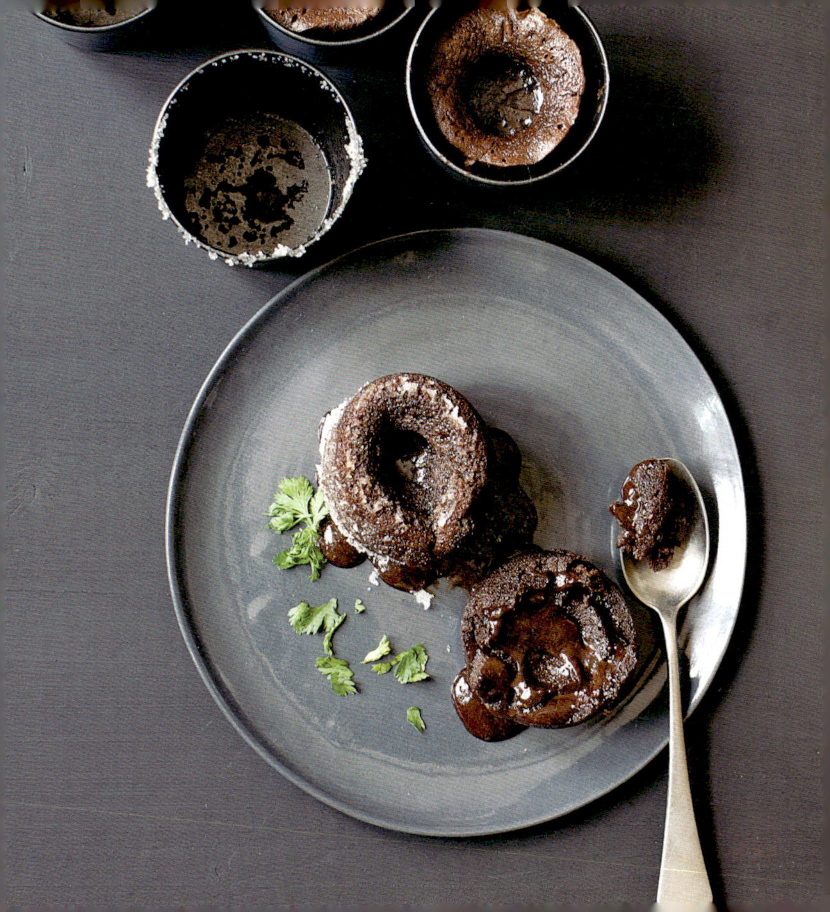

MILLEFEUILLE AUX DEUX MICHOKO®

20 MIN DE PRÉPARATION – 2 H DE REPOS – 15 MIN DE CUISSON

POUR 4 PERSONNES

15 MICHOKO®
au chocolat noir

4 cuillerées à soupe
de crème liquide

250 g de mascarpone

15 MICHOKO® au
chocolat blanc ou au lait

6 feuilles de brick

40 g de beurre

10 g de sucre glace

1 - Dans une casserole, faire fondre à feu doux les MICHOKO® au chocolat noir avec 2 cuillerées à soupe de crème liquide. Hors du feu, incorporer à l'aide d'un fouet la moitié du mascarpone. Faire de même avec les MICHOKO® au chocolat blanc ou au lait. Réserver au réfrigérateur 2 heures minimum.
2 - Préchauffer le four à 200 °C (th. 6-7).
3 - Découper dans chaque feuille de brick 4 cercles de 10 cm environ de diamètre de façon à obtenir 24 cercles.
4 - Faire fondre le beurre au four à micro-ondes.
5 - Déposer 6 cercles sur une plaque allant au four préalablement tapissée de papier sulfurisé et les badigeonner de beurre. Saupoudrer chaque disque de sucre glace et les recouvrir d'un autre disque préalablement badigeonné de beurre. Enfourner et laisser cuire 5 minutes jusqu'à ce que les cercles soient dorés. Faire une seconde fournée avec le reste des cercles en procédant de la même façon.
6 - Monter 4 millefeuilles en alternant les feuilles de brick et les deux crèmes. Servir sans attendre.

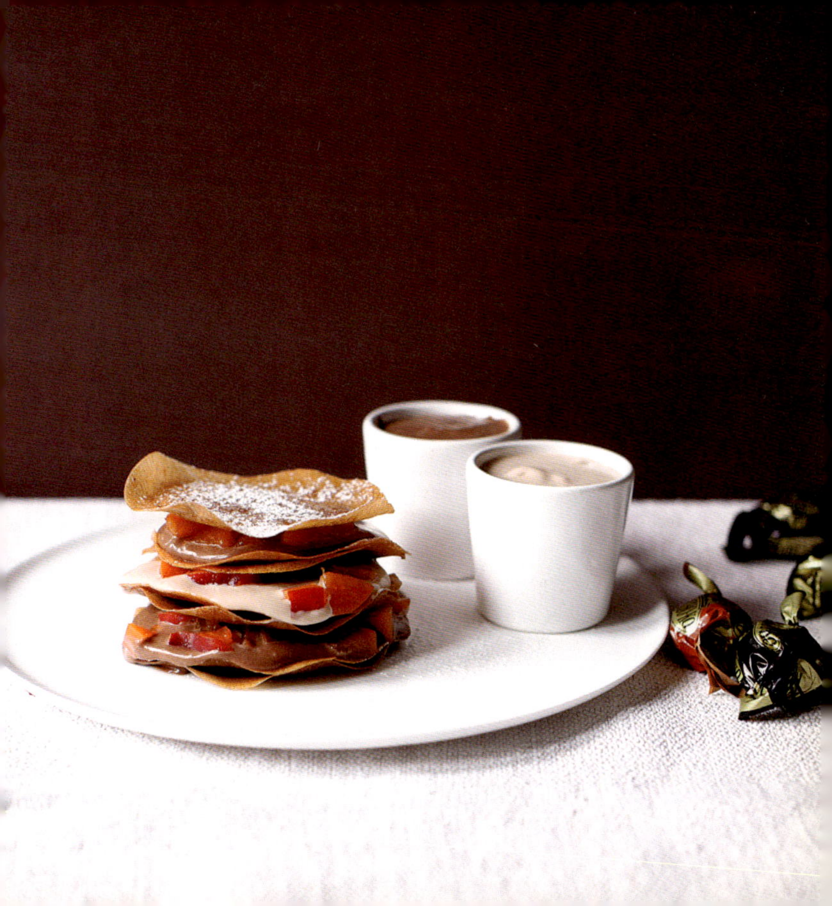

GÂTEAU SABLÉ BANANE-MICHOKO®

15 MIN DE PRÉPARATION – 1 H DE REPOS – 30 MIN DE CUISSON

POUR 8 PERSONNES

400 g de farine

150 g de sucre glace

1 sachet de levure chimique

200 g de beurre

2 œufs

une pincée de sel

20 MICHOKO®

2 cuillerées à soupe de crème liquide

6 à 7 bananes

MATÉRIEL

mixeur

râpe

moule rond de 27 cm de diamètre

1- Mettre la farine, le sucre, la levure chimique et le beurre dans le bol du mixeur et mixer quelques secondes pour sabler la pâte.

2- Ajouter les œufs et le sel, puis mixer 5 secondes. Verser la préparation sur un plan de travail et la rassembler rapidement en boule. La diviser en deux parties, un quart et trois quarts, les filmer et réserver au congélateur 1 heure.

3- Préchauffer le four à 180 °C (th. 6).

4- Dans une casserole, faire fondre à feu doux les MICHOKO® avec la crème liquide.

5- Couper en rondelles les bananes.

6- Râper grossièrement les trois quarts de pâte congelée. En tapisser le fond du moule garni de papier sulfurisé. Déposer dessus les rondelles de bananes et verser dessus irrégulièrement les MICHOKO® fondus. Râper le reste de la pâte congelée pour recouvrir le gâteau. Enfourner et laisser cuire 30 minutes.

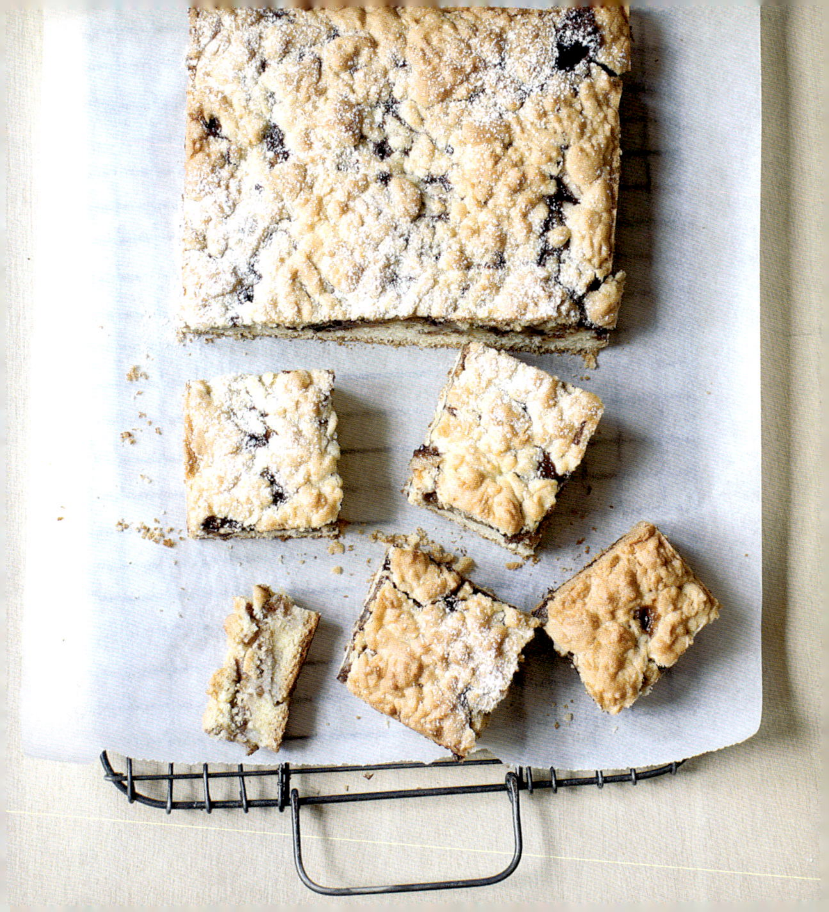

QUATRE QUARTS MARBRÉ

15 MIN DE PRÉPARATION – 50 MIN DE CUISSON

POUR 8 PERSONNES

200 g de beurre

3 gros œufs

une pincée de sel

200 g de sucre en poudre

1 sachet de levure chimique

200 g de farine

15 MICHOKO®

2 cuillerées à soupe de crème liquide

MATÉRIEL

moule à cake

pic en bois

1- Faire fondre le beurre au four à micro-ondes.
2- Battre les œufs avec le sel et le sucre. Fouetter jusqu'à ce que le mélange blanchisse et double de volume. Ajouter ensuite la levure, la farine puis le beurre fondu.
3- Dans une casserole, faire fondre à feu doux les MICHOKO® avec la crème liquide.
4- Diviser la pâte en deux. Ajouter dans une moitié de pâte les MICHOKO® fondus. Mélanger délicatement.
5- Préchauffer le four à 180 °C (th. 6).
6- Verser en alternant les deux pâtes dans un moule à cake préalablement beurré et fariné. Pour obtenir un joli effet marbré, dessiner des vagues dans la pâte à l'aide d'un pic en bois. À l'aide d'un couteau mouillé faire une incision au milieu du cake.
7- Enfourner et laisser cuire 50 minutes. Vérifier la cuisson avec la pointe d'un couteau, la lame doit ressortir propre et sèche. Laisser reposer 10 minutes avant de démouler.

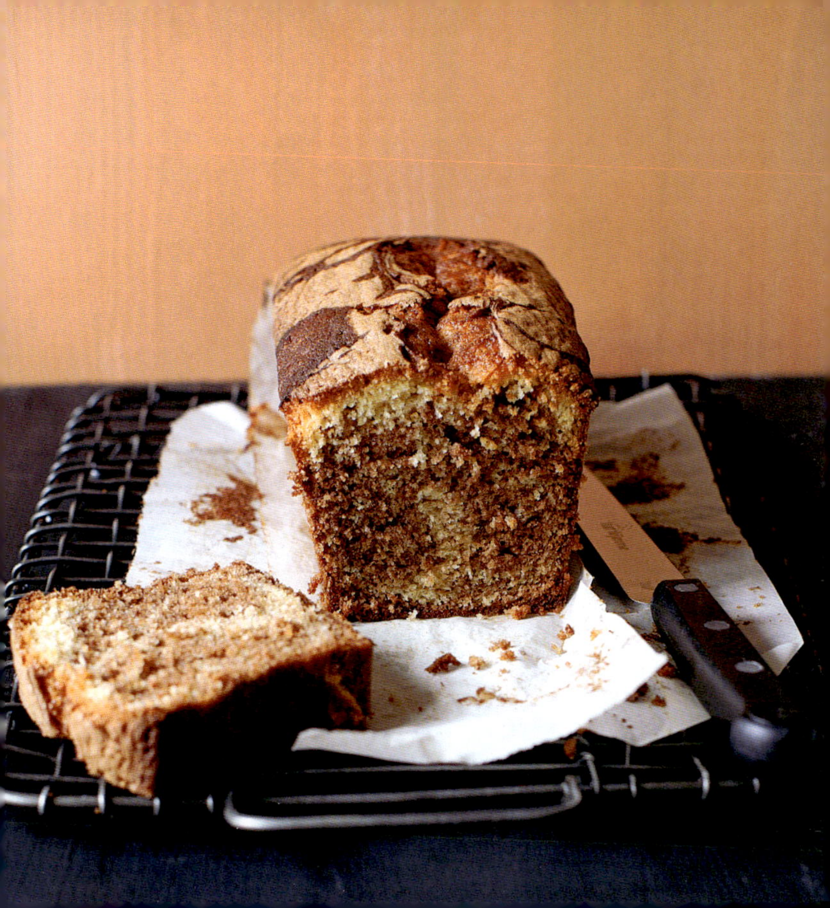

GÂTEAU AU YAOURT TACHETÉ

15 MIN DE PRÉPARATION – 25 À 30 MIN DE CUISSON

POUR 8 PERSONNES

1 yaourt nature

2 pots de sucre en poudre

1 pot d'huile

3 œufs

3 pots de farine

le zeste de 1 citron

1 cuillerée à soupe de levure chimique

15 MICHOKO®

2 cuillerées à soupe de crème liquide

MATÉRIEL

moule à cake

1- Préchauffer le four à 180 °C (th. 6).
2- Verser le yaourt dans un saladier. Réserver le pot de yaourt qui servira de verre mesureur.
3- Ajouter le sucre, l'huile et les œufs. Mélanger jusqu'à obtention d'un mélange mousseux. Ajouter la farine, le zeste du citron et la levure.
4- Verser la préparation dans un moule préalablement beurré et fariné.
5- Dans une casserole, faire fondre à feu doux les MICHOKO® avec la crème liquide. À l'aide d'une cuillère à soupe, tacher irrégulièrement le dessus du gâteau avec les MICHOKO® fondus. Enfourner et laisser cuire 25 à 30 minutes. Vérifier la cuisson avec la pointe d'un couteau, la lame doit ressortir propre et sèche.

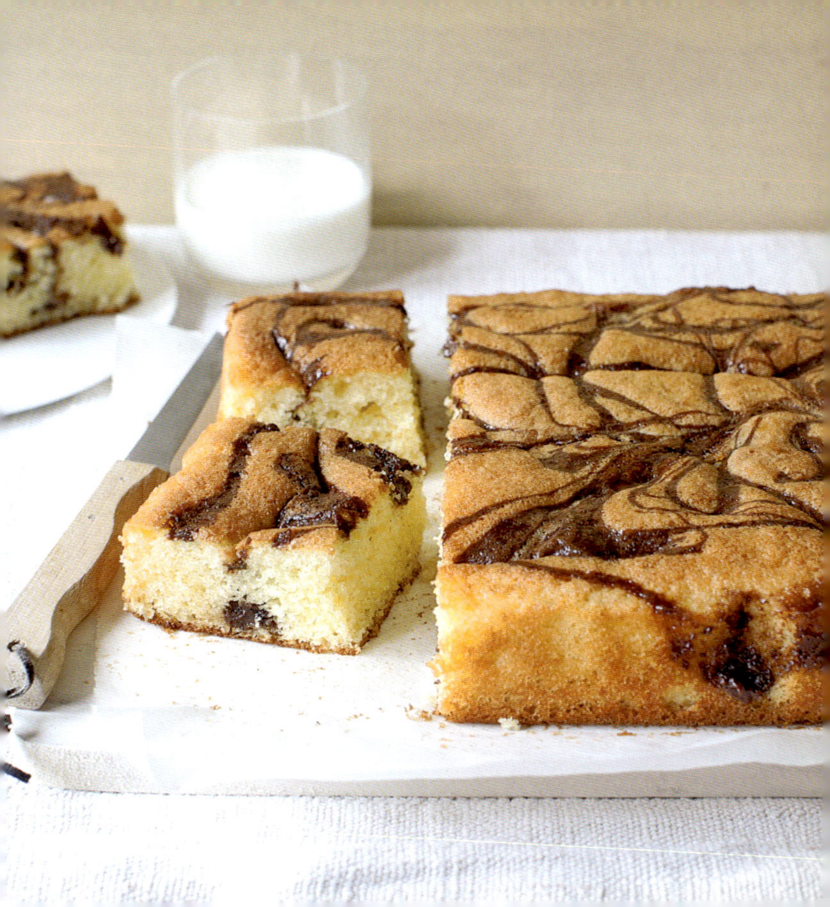

MINI PIES

15 MIN DE PRÉPARATION – 25 À 30 MIN DE CUISSON

POUR 12 MINI PIE

3 pâtes feuilletées
20 MICHOKO®
2 pommes
2 poires
1 cuillerée à café de gingembre frais râpé
5 abricots
1 branche de romarin
1 œuf

MATÉRIEL

emporte-pièce
moules à muffins

1- Étaler les pâtes feuilletées. Découper à l'aide d'un emporte-pièce des cercles 4 cm plus grands que le fond des moules. Garnir le fond des moules à muffins avec ces cercles de pâte.
2- Couper les MICHOKO® en quatre. Éplucher et évider les pommes et poires. Les couper en petits dés. Mélanger le gingembre avec les fruits puis ajouter la moitié des MICHOKO®.
3- Découper les abricots en petits morceaux. Effeuiller le romarin, le hacher finement puis le mélanger avec les abricots. Ajouter le reste des MICHOKO®.
4- Préchauffer le four à 180 °C (th. 6).
5- Répartir chaque préparation dans la moitié des moules. Découper dans la pâte feuilletée 12 cercles de la même taille que le haut des moules puis humidifier les bords avec un peu d'eau. Déposer les cercles sur les pies et replier l'excédent de pâte vers l'intérieur. Presser légèrement les bords à l'aide d'une fourchette pour les souder. Faire une cheminée au milieu de chaque pie. Mélanger l'œuf avec 4 cuillerées à soupe d'eau puis en badigeonner les pies. Enfourner et laisser cuire 25 à 30 minutes.

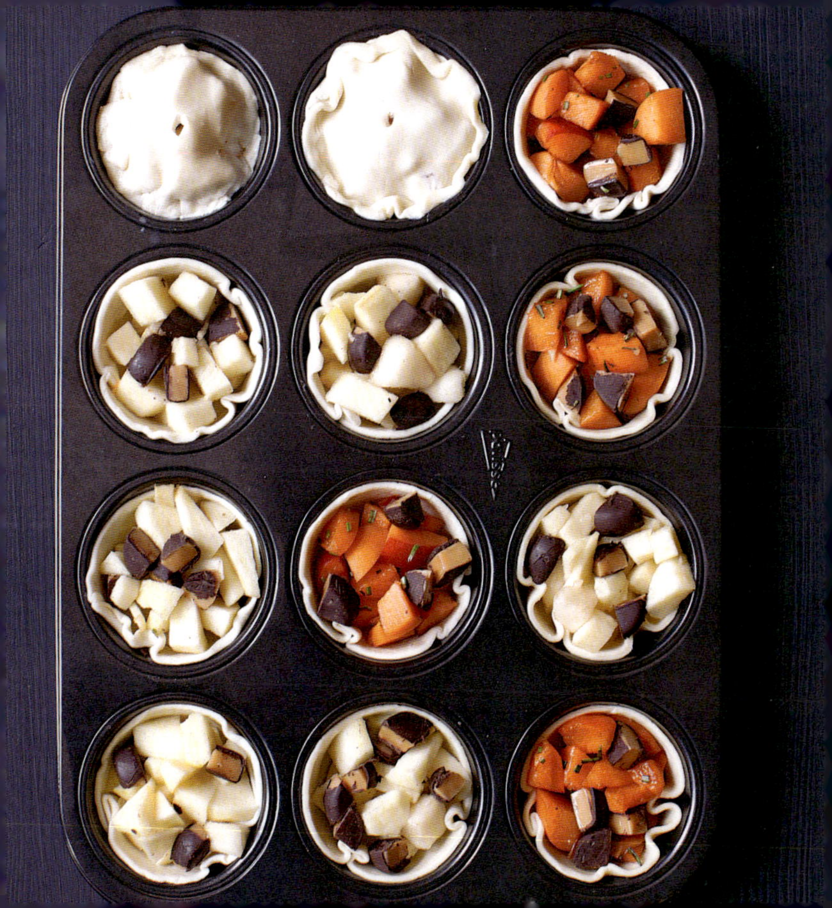

CHAUSSONS AU MICHOKO®

15 MIN DE PRÉPARATION – 30 MIN DE REPOS – 15 MIN DE CUISSON

POUR 10 CHAUSSONS

250 g de pâte à pain
1 cuillerée à café de miel liquide
10 MICHOKO®

MATÉRIEL

emporte-pièce de 7 cm de diamètre

1- Préchauffer le four à 200 °C (th. 6-7).
2- Travailler la pâte avec le miel. L'étaler sur une épaisseur de 0,5 cm et y découper des cercles de 7 cm de diamètre à l'aide d'un emporte-pièce.
3- Déposer au centre de chaque cercle 1 MICHOKO®.
4- À l'aide d'un pinceau, humidifier avec de l'eau les bords des cercles. Les plier en deux de façon à former les chaussons. Presser les bords pour bien les souder à l'aide d'une fourchette. Déposer les chaussons sur une plaque garnie d'une feuille de papier sulfurisé. Réserver 30 à 60 minutes à température ambiante afin de faire lever la pâte.
5- Enfourner et laisser cuire 13 minutes. Déguster tiède.

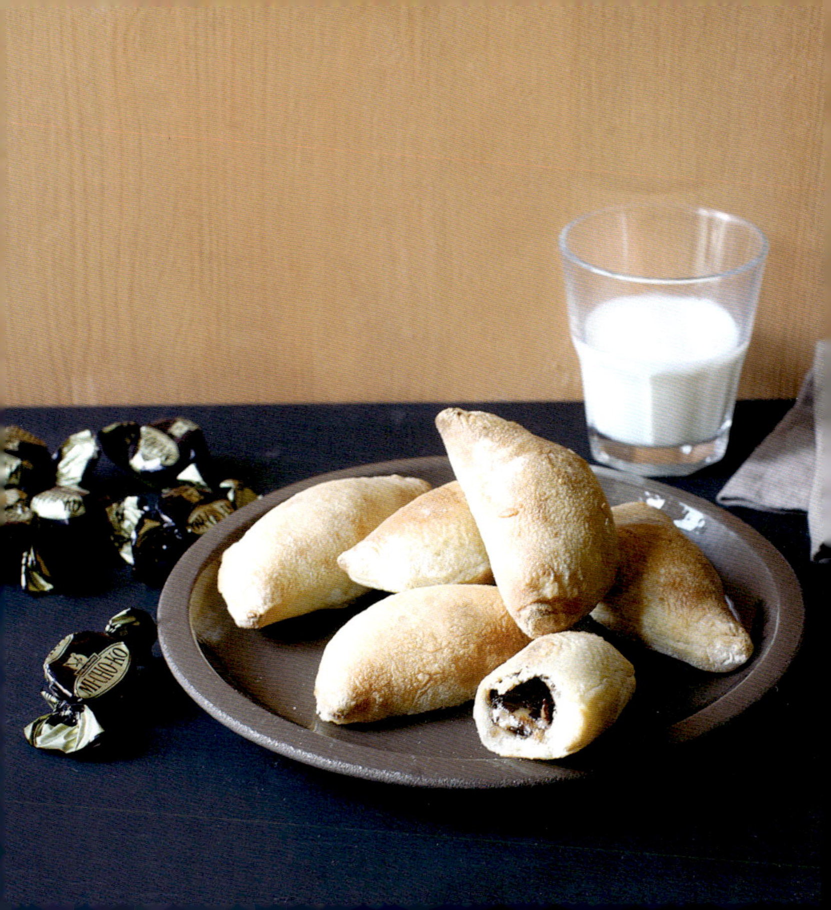

BOUCHÉES CRUNCHY AUX CORN FLAKES & MICHOKO®

10 MIN DE PRÉPARATION

POUR 4 PERSONNES

100 g de corn flakes
25 **MICHOKO®**
2 cuillerées à soupe de crème liquide

1- Dans une casserole, faire fondre à feu doux les MICHOKO® avec la crème liquide.
2- Dans un saladier, mélanger délicatement les corn flakes avec les MICHOKO® fondus.
3- Déposer sur une feuille de papier sulfurisé des petits tas et laisser refroidir avant de servir.

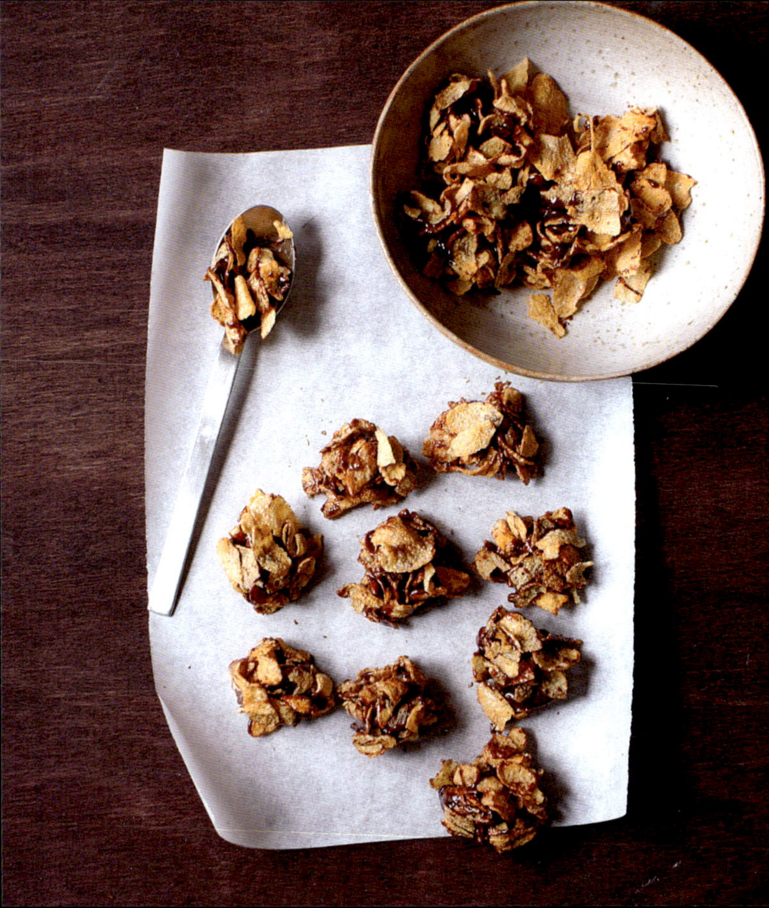

MINI TARTELETTES

15 MIN DE PRÉPARATION – 20 MINUTES DE REPOS – 15 MIN DE CUISSON

POUR 25 PIÈCES

250 g de farine

1 cuillerée à soupe de sucre en poudre

125 g de beurre

1 œuf

une pincée de sel

20 MICHOKO®

3 cuillerées à soupe de crème liquide

4 cuillerées à soupe de confiture d'abricot

MATÉRIEL

mixeur

emporte-pièce

moules à tartelettes

1- Préchauffer le four à 180 °C (th. 6).
2- Dans le bol du mixeur, mettre la farine, le sucre et le beurre. Mixer pendant quelques secondes pour sabler la pâte. Ajouter l'œuf, 1 cuillerée à soupe d'eau et le sel. Mixer 5 secondes supplémentaires. Verser la préparation sur un plan de travail et la rassembler rapidement en boule.
3- Étaler la pâte. Découper 25 cercles à l'emporte-pièce de la taille des moules. Les foncer avec les cercles de pâte puis réserver au congélateur 20 minutes.
4- Enfourner et faire cuire à blanc 13 à 15 minutes. Réserver.
5- Dans une casserole, faire fondre à feu doux les MICHOKO® avec la crème liquide.
6- Garnir les fonds des tartelettes avec un peu de confiture d'abricot puis verser du mélange aux MICHOKO® fondus par-dessus. Laisser refroidir avant de servir.

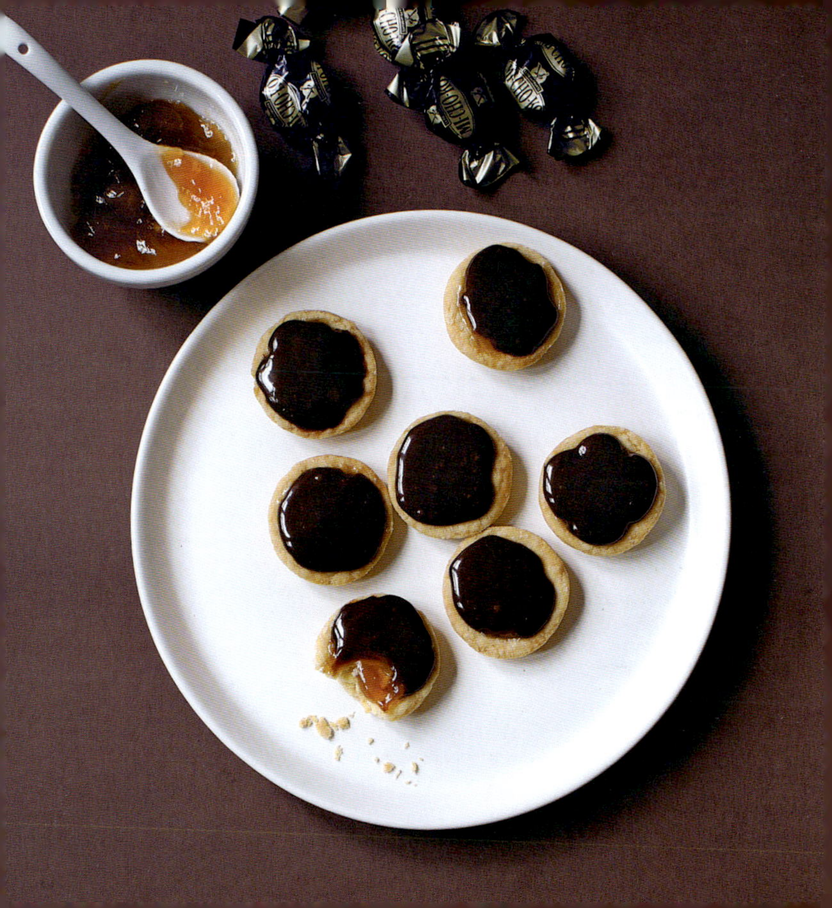

MINI GALETTES DES ROIS

15 MIN DE PRÉPARATION – 30 MIN DE REPOS – 20 MIN CUISSON

POUR 4 PERSONNES

100 g de sucre en poudre

140 g de beurre mou

2 œufs

140 g de poudre d'amande

1 cuillerée à soupe de rhum

50 g de pistaches vertes grossièrement concassées

50 g de pignons de pin grossièrement concassés

10 MICHOKO®

2 pâtes feuilletées

2 cuillerées à soupe de lait ½ écrémé

1 jaune d'œuf

MATÉRIEL

emporte-pièce de 10 cm de diamètre

1- Mélanger le sucre et le beurre jusqu'à ce que la préparation devienne légèrement mousseuse. Incorporer les œufs un par un sans cesser de fouetter. Ajouter la poudre d'amande, le rhum, les pistaches, les pignons de pin puis les MICHOKO® coupés en quatre.
Bien mélanger.
2- Étaler les pâtes feuilletées. Découper à l'aide d'un emporte-pièce 4 cercles de 10 cm de diamètre dans l'une des deux pâtes feuilletées. Les disposer sur une plaque garnie de papier sulfurisé. Humidifier avec du lait le bord des cercles à l'aide d'un pinceau. Répartir la crème d'amande au centre de chaque cercle.
3- Découper à l'aide d'un emporte-pièce 4 cercles de 11 cm de diamètre dans la deuxième pâte feuilletée. Les poser sur les petits cercles en appuyant sur les bords à l'aide d'une fourchette pour les souder. Réserver 30 minutes minimum au réfrigérateur.
4- Préchauffer le four à 200 °C (th. 6-7).
5- Dorer à l'aide d'un pinceau la galette avec le jaune d'œuf battu, sans faire couler de dorure sur les bords. Avec la pointe d'un couteau, dessiner une rosace sur le dessus puis faire une cheminée au centre des galettes. Enfourner et laisser cuire 10 minutes puis baisser le four à 180 °C (th. 6) et laisser cuire 10 minutes supplémentaires.

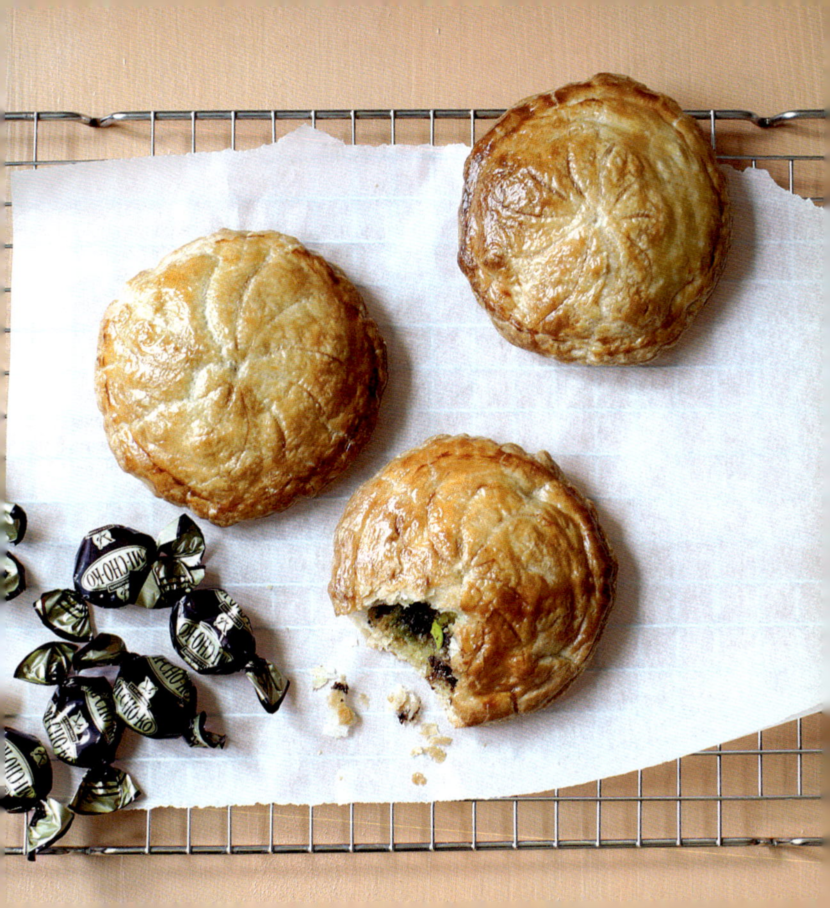
MI-CHO-KO

PROFITEROLES

20 MIN DE PRÉPARATION – 25 MIN DE CUISSON

POUR 15 PIÈCES

une pincée de sel
40 g de beurre
75 g de farine
2 œufs + 1 jaune pour dorer
30 MICHOKO®
glace vanille
5 cuillerées à soupe de crème liquide

MATÉRIEL
mixeur

1- Dans une casserole, verser 12 cl d'eau et porter à ébullition. Ajouter le sel et le beurre coupé en petits morceaux. Lorsque le beurre est fondu, hors du feu ajouter la farine et mélanger énergiquement. Remettre la casserole à feu doux et laisser dessécher la pâte 5 minutes environ. Lorsqu'elle commence à former une pellicule sur le fond de la casserole, la mettre dans un saladier. Ajouter les œufs un par un en les incorporant à la pâte à l'aide d'une spatule.

2- Préchauffer le four à 200 °C (th. 6-7). Sur une plaque garnie d'une feuille de papier sulfurisé, déposer des petites noix de pâte à l'aide d'une poche à douille. Laisser un espace de 5 cm environ entre chaque chou. Dorer avec le jaune d'œuf battu chaque chou à l'aide d'un pinceau. Enfourner et laisser cuire 15 minutes puis baisser la température du four à 180 °C (th. 6) et laisser cuire 10 minutes supplémentaires. Laisser refroidir les choux avant de les ouvrir en deux.

3- Dans le bol du mixeur, mettre 10 MICHOKO®. Mixer pour les réduire en poudre.

4- Faire des petites boules de glace puis les rouler dans les MICHOKO® en poudre et réserver au congélateur jusqu'au moment de servir.

5- Dans une casserole, faire fondre à feu doux les MICHOKO® restants avec la crème liquide.

6- Au moment de servir, déposer une boule de glace dans chaque chou et recouvrir de sauce MICHOKO®.

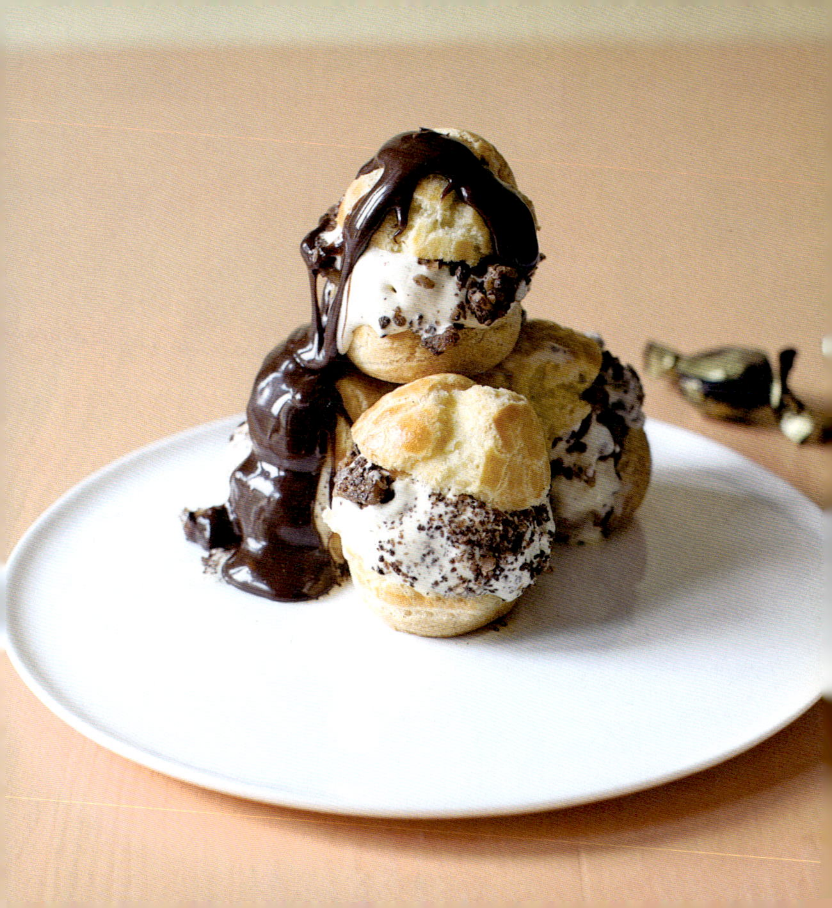

SUCETTES DE MICHOKO®

15 MIN DE PRÉPARATION – 10 MIN DE REPOS

POUR 8 SUCETTES

24 MICHOKO®

8 cuillerées à café de crème liquide

paillettes alimentaires

sucre coloré

billes colorées en sucre

MATÉRIEL

8 bâtonnets en bois

1- Dans une casserole, faire fondre à feu doux les MICHOKO® avec la crème liquide. Bien mélanger et laisser refroidir quelques secondes.

2- Former 8 boules avec les MICHOKO® fondus et piquer au centre de chaque un bâtonnet en bois. Les déposer sur une feuille de papier sulfurisé et les recouvrir avec une deuxième feuille.

3- Avec la paume de main, aplatir les boules et leur donner la forme souhaitée.

4- Déposer les décorations sur les sucettes en aplatissant bien avec la paume de la main pour les incorporer. Laisser durcir 10 minutes avant de servir.

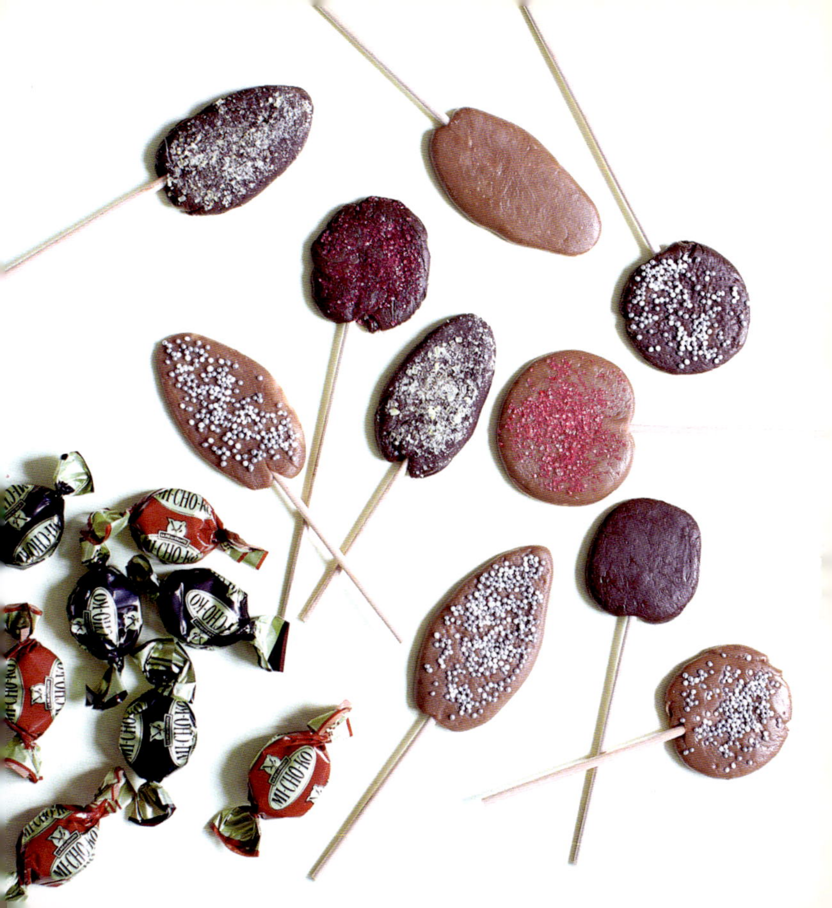
MI-CHO-KO

COOKIES AUX MICHOKO® & CRANBERRIES

15 MIN DE PRÉPARATION – 13 MIN DE CUISSON

POUR 15 À 20 COOKIES

125 g de beurre demi-sel mou
100 g de cassonade
200 g de farine
une pincée de sel
1 œuf
20 MICHOKO®
100 g de cranberries

1- Préchauffer le four à 180 °C (th. 6).
2- Dans un saladier, travailler le beurre en pommade avec une spatule en bois puis le mélanger avec la cassonade. Ajouter la farine et le sel puis mélanger avec les doigts en faisant rouler l'appareil pour le sabler.
3- Dans un petit bol, bien battre l'œuf puis le verser dans la préparation et bien mélanger. Incorporer les MICHOKO® en dés et les cranberries dans puis mélanger délicatement avec les doigts.
4- Sur une plaque, étaler une feuille de papier sulfurisé. Façonner des boules de pâte de la grosseur d'une belle noix et les disposer sur la plaque en les espaçant légèrement. Les écraser légèrement. Enfourner et laisser cuire 13 minutes. Les cookies sont cuits quand le contour commence légèrement à colorer. Les laisser refroidir sur la plaque.

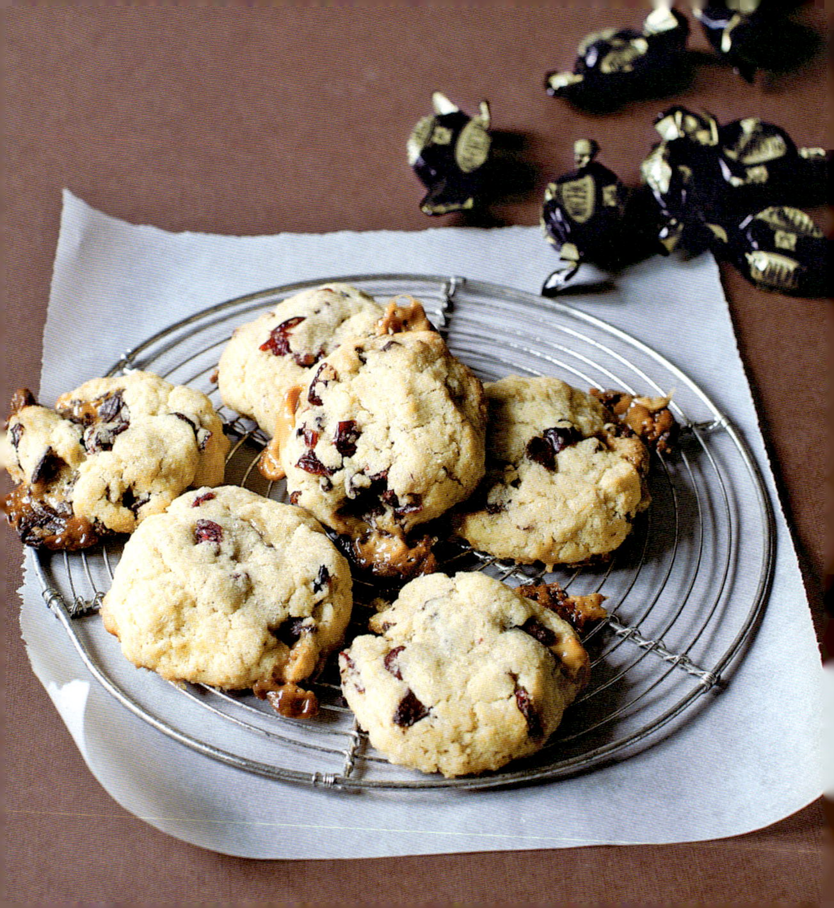

MILK-SHAKE AUX MICHOKO®

5 MIN DE PRÉPARATION

POUR 4 PERSONNES

1 l de lait ½ écrémé
25 MICHOKO®
2 boules de glace au chocolat noir (ou quelques glaçons)

MATÉRIEL
mixeur

1- Dans le bol du mixeur, mettre 5 MICHOKO®. Les mixer grossièrement.
2- Dans une casserole, faire fondre à feu doux le reste des MICHOKO® avec 6 cuillerées à soupe de lait.
3- Dans le bol du mixeur, verser le lait, les MICHOKO® fondus et la glace. Mixer jusqu'à ce que le lait mousse. Verser dans 4 grands verres et parsemer de MICHOKO® mixés. Servir aussitôt.

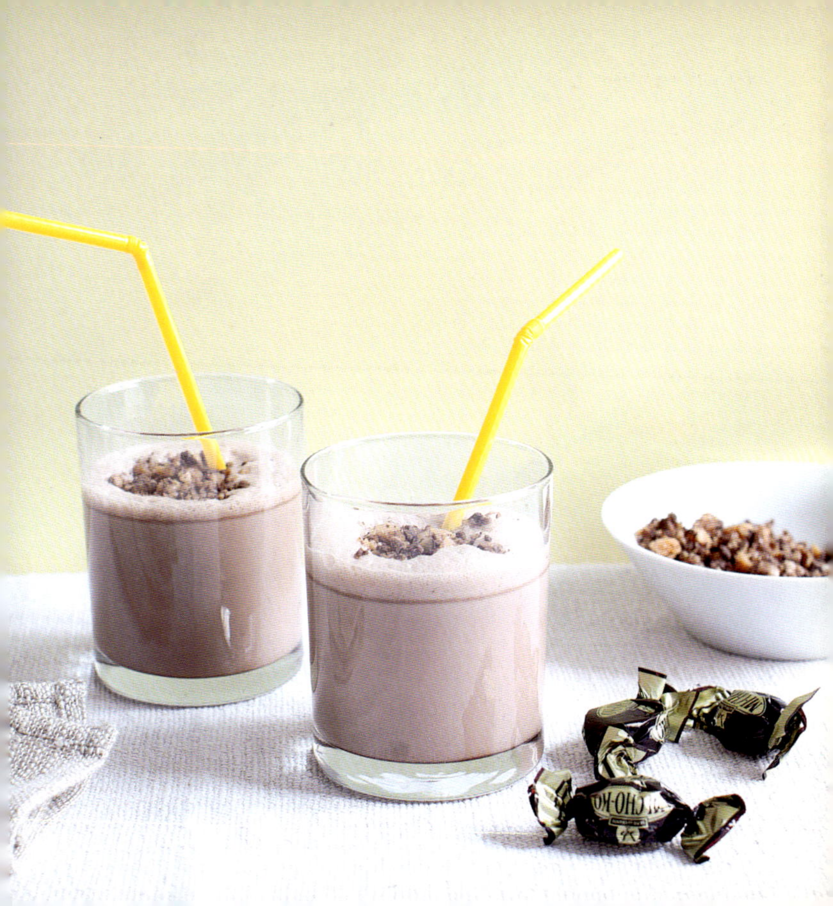

PANCAKES RICOTTA, CITRON, MYRTILLES & SAUCE MICHOKO®

5 MIN DE PRÉPARATION – 4 MIN DE CUISSON

POUR 4 PERSONNES

2 œufs
250 g de ricotta
12,5 cl de lait
100 g de farine
1 cuillerée à café de levure chimique
une pincée de sel
le zeste de 1 citron
150 g de myrtilles
huile
20 MICHOKO®
6 cuillerées à soupe de crème liquide

1- Séparer les blancs des jaunes d'œufs.
2- Dans un saladier, mélanger les jaunes avec la ricotta et le lait. Ajouter la farine, la levure, le sel, le zeste du citron et bien mélanger.
3- Battre légèrement les blancs d'œufs, puis les ajouter à la préparation.
4- Dans une poêle, faire chauffer un peu d'huile et lorsqu'elle est bien chaude, verser 4 cuillerées à soupe de pâte. Parsemer de myrtilles. Laisser cuire 2 minutes de chaque côté. Répéter l'opération jusqu'à épuisement de la pâte.
5- Dans une casserole, faire fondre à feu doux les MICHOKO® avec la crème liquide.
6- Napper les pancakes de MICHOKO® fondus et servir aussitôt.

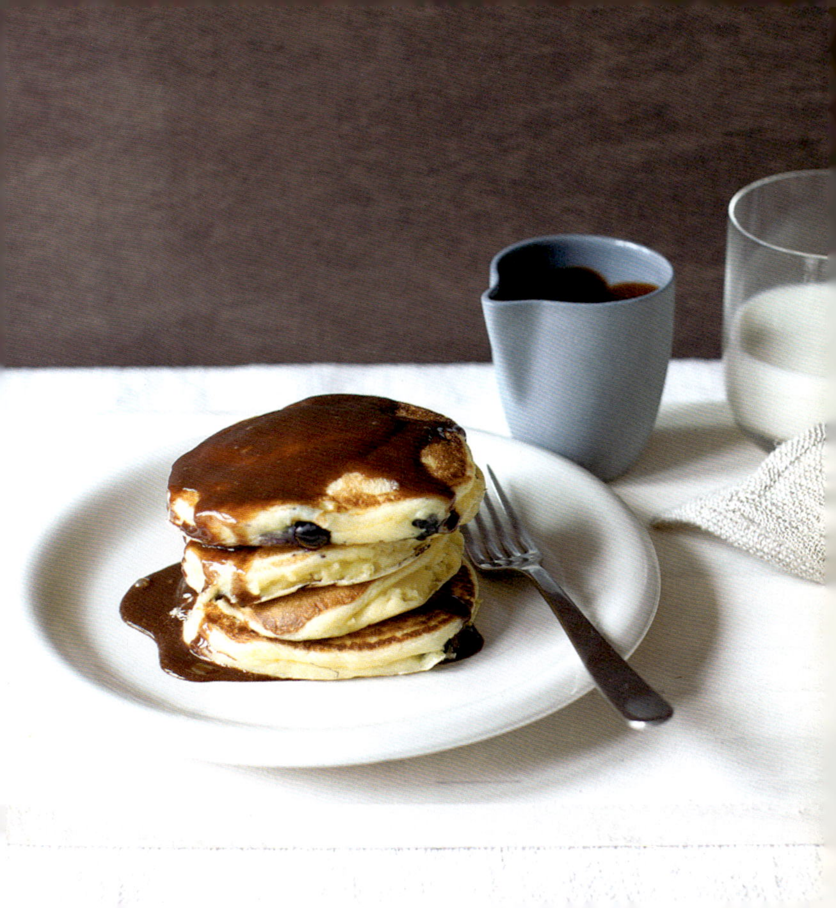

CANNELÉS CŒUR DE MICHOKO®

10 MIN DE PRÉPARATION – 55 MIN DE CUISSON

POUR 15 PIÈCES

½ l de lait
1 gousse de vanille
50 g de beurre
100 g de farine
150 g de sucre en poudre
une pincée de sel
2 œufs + 2 jaunes
1 cuillerée à soupe de rhum
15 MICHOKO®

1- Dans une casserole, verser le lait avec la gousse de vanille fendue en deux et le beurre. Porter à ébullition.
2- Dans un bol, mélanger la farine, le sucre, le sel et les œufs. Ajouter le lait et à l'aide d'un fouet, bien lisser la pâte. Laisser refroidir quelques instants puis verser le rhum.
3- Préchauffer le four à 210 °C (th. 7).
4- Verser la pâte dans des moules à cannelés. Enfourner et laisser cuire 15 minutes. Ajouter dans chaque cannelé 1 MICHOKO® puis baisser la température du four à 180 °C (th. 6) et laisser cuire 40 minutes supplémentaires. Démouler à la sortie du four.

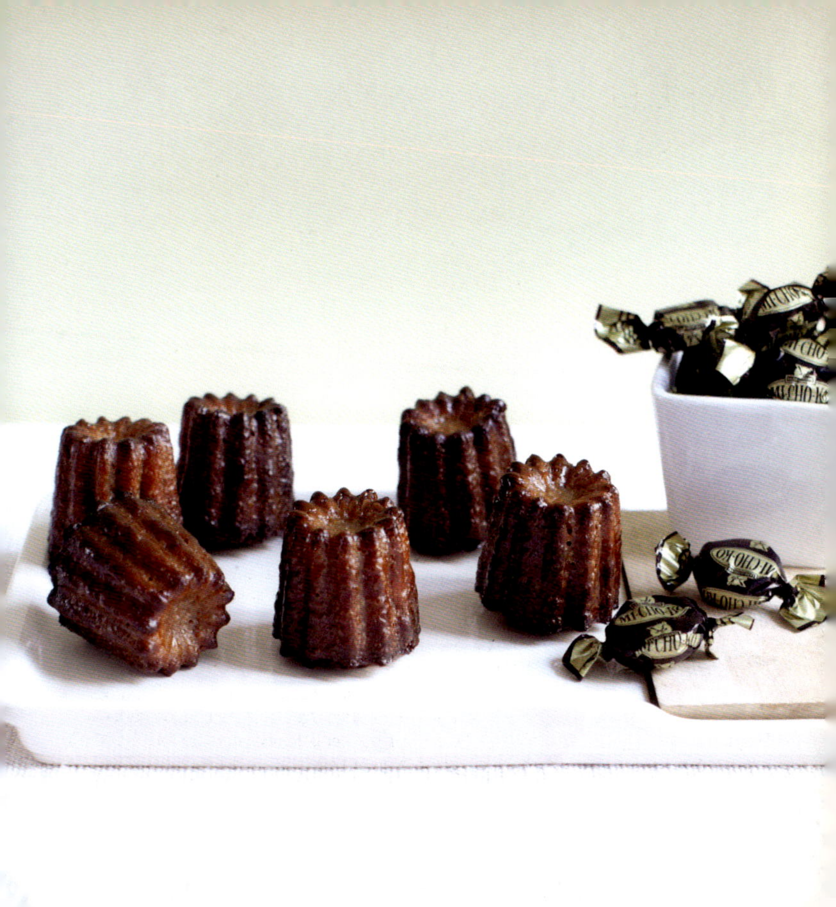
MI-CHO-KO

BISCOTTIS

15 MIN DE PRÉPARATION – 40 À 50 MIN DE CUISSON

POUR 40 PIÈCES

60 g de beurre mou

200 g de sucre en poudre

3 œufs

350 g de farine

100 g d'amandes mondées

20 MICHOKO®

2 cuillerées à café de levure chimique

une pincée de sel

1- Préchauffer le four à 180 °C (th. 6).

2- Dans un saladier, battre le beurre avec le sucre jusqu'à ce que le mélange soit crémeux. Incorporer ensuite, un par un, les œufs.

3- Ajouter la farine, les amandes, les MICHOKO® coupés en quatre, la levure chimique et le sel. Travailler la pâte avec les doigts. La diviser en quatre et sur un plan de travail fariné former 4 pains réguliers.

4- Les déposer sur une plaque de cuisson garnie d'une feuille de papier sulfurisé. Enfourner et laisser cuire 30 à 40 minutes. Les laisser tiédir 10 à 15 minutes à la sortie du four.

5- Les couper en tranches de 1 cm d'épaisseur et les étaler sur la plaque de cuisson garnie d'une feuille de papier sulfurisé. Enfourner et laisser cuire 10 minutes en les retournant à mi-cuisson.

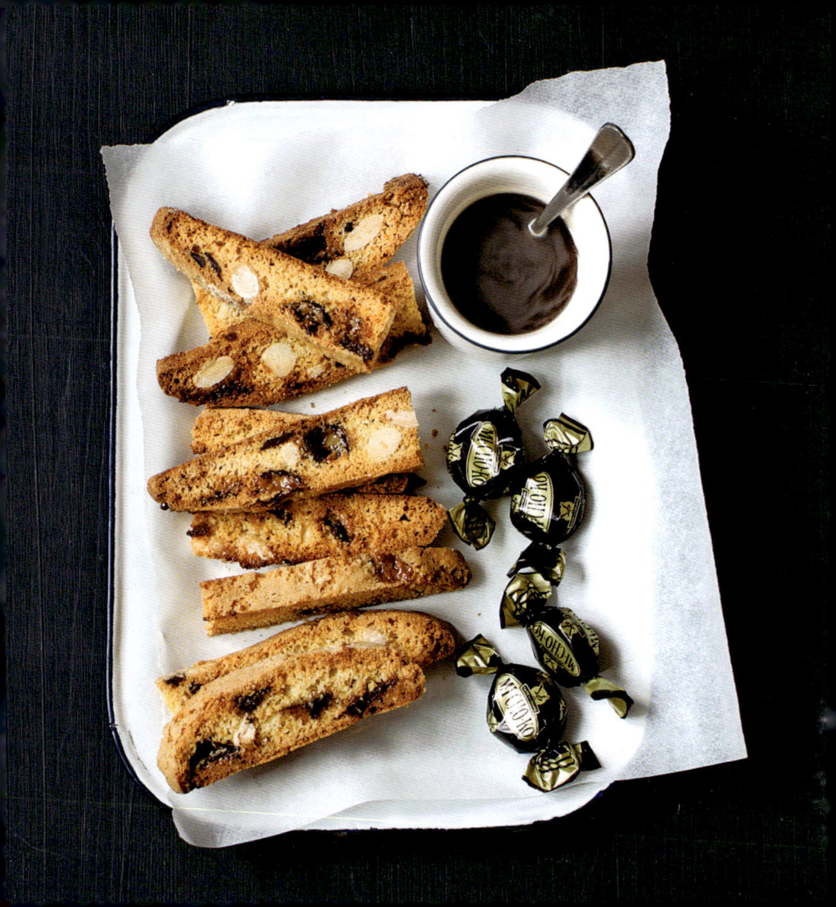
MI-CHO-KO

SABLÉS ROMARIN & CRÈME DE MICHOKO®

15 MIN DE PRÉPARATION – 1 H DE REPOS – 15 MIN DE CUISSON

POUR 10 À 20 PIÈCES

quelques branches de romarin frais

220 g de sucre en poudre

1 œuf + 2 jaunes

10 cl d'huile d'olive

180 g de beurre mou

350 g de farine

une pincée de sel

20 MICHOKO®

1 cuillerée à soupe de crème liquide

MATÉRIEL

mixeur

emporte-pièce de 6 cm de diamètre

emporte-pièce de 1 cm de diamètre

1- Dans le bol du mixeur, mettre les feuilles de romarin et 2 cuillerées à soupe de sucre. Mixer finement.

2- Dans un saladier, battre les œufs avec les jaunes et le sucre jusqu'à ce que le mélange devienne mousseux. Ajouter 2 cuillerées à soupe du mélange romarin-sucre et mélanger de nouveau.

3- Incorporer l'huile et le beurre à la préparation. Bien mélanger. Ajouter la farine puis travailler la pâte avec les doigts pour obtenir une pâte ferme qui ne colle pas.

4- Former une boule et l'entourer de film alimentaire puis réserver au réfrigérateur 1 heure minimum.

5- Préchauffer le four à 160 °C (th. 5-6).

6- Étaler la pâte sur une épaisseur de 3 mm environ puis découper des cercles à l'aide d'un emporte-pièce de 6 cm de diamètre.

7- À l'aide d'un emporte-pièce de 1 cm de diamètre, découper 1 rond dans la moitié des cercles de pâte.

8- Poser les biscuits sur une plaque de four garnie d'une feuille de papier sulfurisé. Enfourner et laisser cuire 10 à 15 minutes jusqu'à ce que les biscuits soient légèrement dorés. Laisser refroidir.

9- Dans une casserole, faire fondre à feu doux les MICHOKO® avec la crème liquide.

10- Étaler les MICHOKO® fondus sur les sablés pleins puis recouvrir avec les sablés troués.

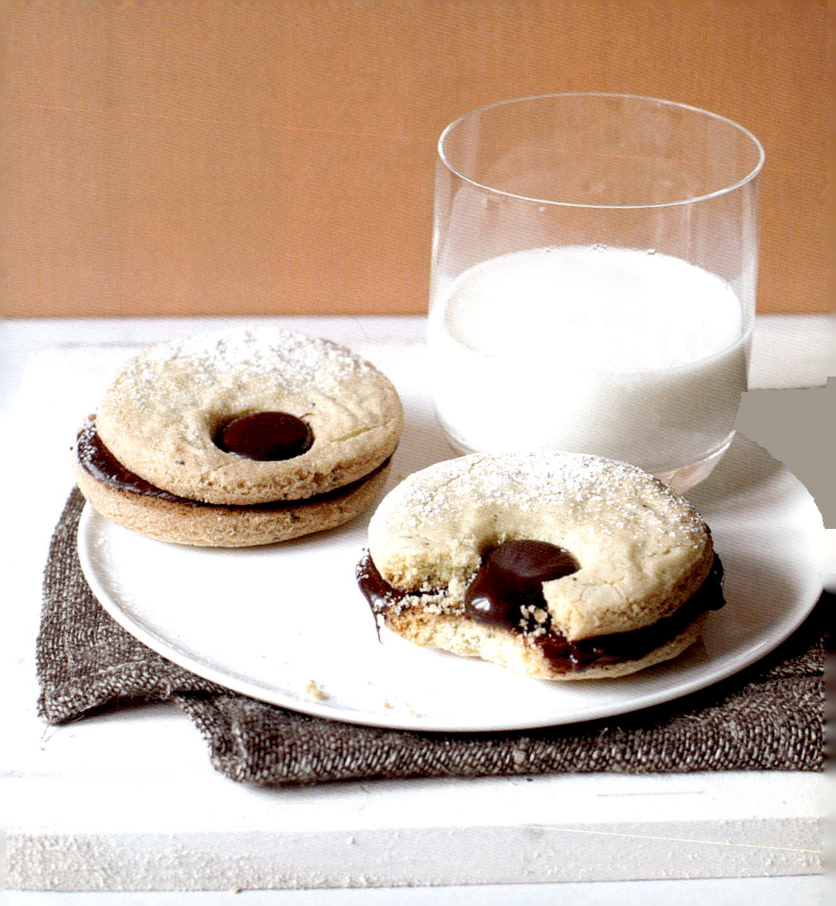

REMERCIEMENTS

L'auteur remercie toute l'équipe de Marabout pour son aide précieuse.

Avec la collaboration de La Pie Qui Chante®.
Tous droits réservés. Toute reproduction ou utilisation de l'ouvrage sous quelque forme
et par quelque moyen électronique, photocopie, enregistrement ou autre que ce soit
est strictement interdite sans l'autorisation de l'éditeur.

Shopping : Ilona Chovancova
Mise en pages : Gérard Lamarche
Suivi éditorial : Marie-Eve Lebreton

© Hachette Livre (Marabout) 2011
ISBN : 978-2-501-07451-3
41-0076-4/02
Achevé d'imprimer en septembre 2011
sur les presses d'Impresia-Cayfosa en Espagne
Dépôt légal : octobre 2011

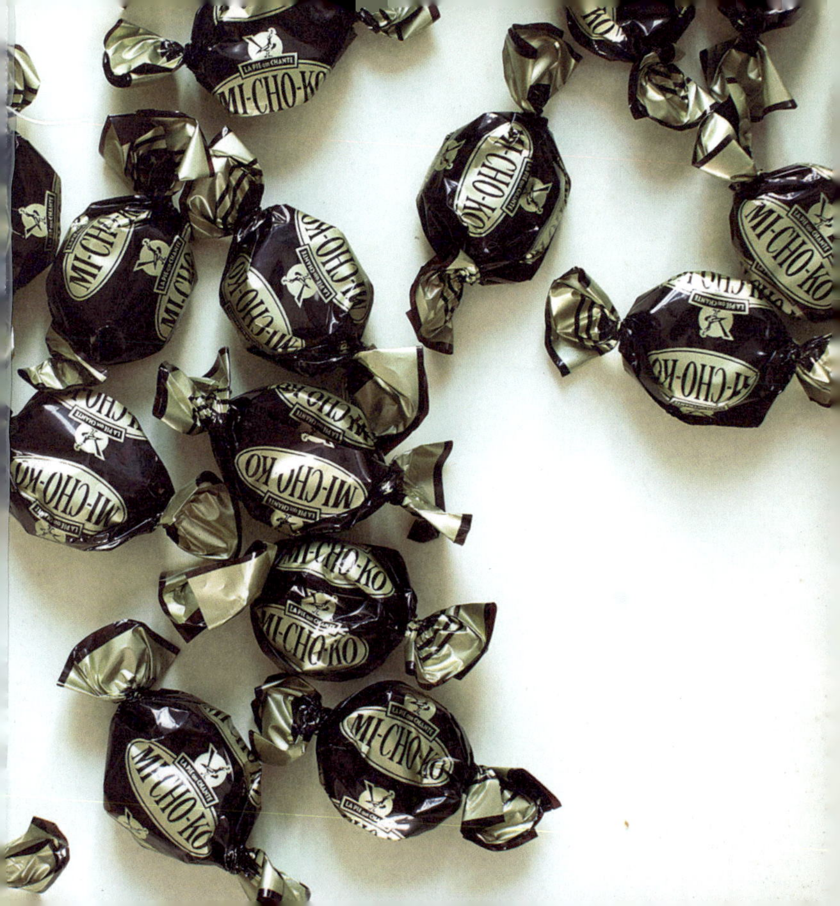
LA PIE qui CHANTE
MI-CHO-KO